Jürgen Nitsche | Thomas Morgenstern

Moderne ohne Bauhaus

Jürgen Nitsche | Thomas Morgenstern

Moderne ohne Bauhaus

Wie jüdische Unternehmer und ihre Industriearchitektur das Chemnitzer Stadtbild der Moderne prägten

Inhalt

Chemnitz von heute Chemnitz To-da

1 Hauptbahnhof – 350 Personenzüge täglich.
2 Staatliche Akademie für Technik.
3 Industrieschule, größte gewerbliche Schule Deutschlands.
4 Fernsprechamt an der Oberen Aktienstraße
5 Stadtbad an der Mühlenstraße.
6 Internationaler Zollflughafen, Stollberger Straße.

1 Main Railway Station - 350 passenger tra daily.
2 State Academy for Technical Science.
3 Industrial School, largest professional scho for trade in Germany.
4 Telephone Office in the upper Aktienstras
5 Municipal hall swimming bath in the Mühle strasse.
6 International Airport, with Customs Despat Office, Stollberger Strasse.

Werbeprospekt Öffentliche Bauten in Chemnitz 1930er Jahre, Privatbesitz Thomas Morgenstern

Architektur und Stadtentwicklung von Chemnitz in der Zeit der Weimarer Republik (1918–1933)

Thomas Morgenstern

Die Stadt Chemnitz ist außerordentlich reich an Architekturzeugnissen der Gründerzeit, der Jugendstil-Epoche, aber auch aus der Ära der Weimarer Republik. In dieser Zeit von 1918 bis 1933 »entstand eine solche Dichte gestalterischer Spitzenleistungen wie in keinem anderen derart kurzen Zeitabschnitt der Stadtgeschichte«[1]. Aber nicht die Klassische Moderne allein steht für den heutigen Beinamen »Chemnitz – Stadt der Moderne«. Es sind dies auch die hochrangigen Leistungen der Nachkriegszeit, durch die das im Zweiten Weltkrieg schwer zerstörte Stadtzentrum bis 1975 in wichtigen Teilen neu aufgebaut wurde – die sogenannte Späte Moderne. Hier sei besonders auf das Karl-Marx-Forum und das Ensemble der Stadthalle mit Hotel-Hochhaus verwiesen. Und noch ein wichtiger Aspekt sei genannt: die Industrie.

Die Chemnitzer Industrie – Triebkraft der Stadtentwicklung

Chemnitz, nach Leipzig und Dresden die drittgrößte Stadt Sachsens, hielt in Industrie und Gewerbe in dieser Zeit die Spitze im Lande und war Anfang des 20. Jahrhunderts sogar das führende Maschinenbauzentrum in ganz Deutschland. Ebenso nahmen die Stadt und die Region Chemnitz eine Spitzenposition in der Textilindustrie ein. Hier begann 1798 mit der Gründung der ersten Baumwollspinnereien nach englischem Vorbild durch die Kaufleute Carl Friedrich Bernhard

Abb. 1: Firmenbriefkopf Sächsische Webstuhlfabrik 1911, Archiv Denkmalschutzbehörde Chemnitz

und Johann August von Bugenhagen im damaligen Chemnitzer Vorort Harthau sowie 1799 von Wöhler & Lange in Schloßchemnitz die Industrialisierung in Sachsen. Später waren es neben der bekannten Strumpfwirkerei Moritz Samuel Esche, der Weberei Cammann oder der Aktienspinnerei vor allem jüdische Unternehmen, die eine Vielzahl weltmarktfähiger Textilien produzierten. Für die zumeist sehr groß angelegten Textilfabriken war man seitens der Unternehmerfamilien um eine anspruchsvolle Architektur bemüht. »Was in anderen Städten Kathedralen und Schlösser sind, das sind in Chemnitz die Paläste und Dome des Maschinenbaus und der Textilindustrie. Hier fand das Repräsentations- und Inszenierungsbedürfnis eines aufstrebenden Bürgertums seinen auftrumpfenden, teilweise majestätischen Ausdruck […].«[2] Die bereits in der Mitte des 19. Jahrhunderts von Johann Gottlieb Haubold gegründete Sächsische Maschinenbaucompagnie oder die großen Unternehmen des Maschinenbaus von Richard Hartmann, Johann von Zimmermann, Julius Eduard Reinecker oder der Webstuhlbau von Louis Schönherr **(Abb. 1)** avancierten schnell zur Weltspitze. Die wichtigsten baulichen

Zeugnisse, die in dieser Epoche jüdische Unternehmen und Architekten geschaffen haben, werden in diesem Buch ausführlicher vorgestellt.

Über 400 Bauwerke und Anlagen der Produktions- und Verkehrsgeschichte wurden in Chemnitz ab 1993 unter Denkmalschutz gestellt. Einige davon haben sich durch die Fortführung der Produktion erhalten, einige standen viele Jahre leer. Jedoch ist inzwischen für 120 davon an 61 Standorten bislang eine Sanierung und neue Nutzung gelungen. Die Nachnutzungen erfolgten in einer großen funktionellen Palette: als Gewerbe-, Büro-, Handels-, Kultur-, und Sozialeinrichtungen, für Wohnzwecke (Lofts), als Sitz neu ausgerichteter IT- und Dienstleistungsunternehmen (»Start ups«) oder auch als Erlebnisgastronomie. Es war und ist immer eine besondere Herausforderung für Investoren und deren Architekten, aber auch für die Denkmalbehörden, sich mit der Umnutzung von qualitätsvollen Industriebauten zu befassen. Viele dieser denkmalgeschützten Produktionsgebäude sind mehrgeschossig und seit 1905 in hochbelastbaren Stahlbetonkonstruktion errichtet. Großformatige Produktionsräume mussten einer sich ständig wandelnden verbesserten Technologie und neuen Produktionsmitteln Rechnung tragen und in der vorhandenen baulichen Hülle umrüstbar sein. Diese Räume wiederum sind für ein breites funktionelles Spektrum von Nachnutzungen sehr gut geeignet. Und wenn man jetzt den Slogan der Stadt Chemnitz »Stadt der Moderne« hört, fragen sich viele, was macht die Stadt der Moderne aus? Sind es die Gebäude der Klassischen Moderne oder die späte Nachkriegsmoderne oder ist es die Modernität der heutigen Zeit? Es ist wohl von jedem etwas. Aber es reflektiert zudem auch die Industrie, die immer »modern« sein muss, um auf den Märkten erfolgreich zu sein. Viele Chemnitzer Industrielle ließen sich ihre Villen von renommierten Architekten und Künstlern gestalten. So schuf Henry van de Velde 1902/03 mit der Villa für den Textilfabrikanten Herbert Esche (Erweiterung und Remise 1911) sein erstes großes Auftragswerk in Deutschland. Auch trugen die Firmeninhaber, darunter viele jüdische Unternehmer, entscheidend zum Fundus der Städtischen Kunstsammlungen bei.

Neue Wohnviertel: von Gründerzeit-Quartieren zu Wohnsiedlungen im Grünen

Mit der Reichsgründung 1871 kam es wie in ganz Deutschland auch in der Stadt Chemnitz noch einmal zum großen wirtschaftlichen Aufschwung, und Chemnitz entwickelte sich in den Jahren bis 1900 zur sächsischen Industriemetropole. Die Einwohnerzahlen von Chemnitz, die 1883 schon die 100.000 erreichten, stiegen um 1900 bereits auf 200.000. Bis zum Beginn des Ersten Weltkrieges war die Einwohnerzahl von 300.000 erreicht. **(Abb. 2)** In dieser »Gründerzeit« vergrößerte sich das Territorium der Stadt durch viele Eingemeindungen um das Sechsfache. So rasant wie sich im 19. Jahrhundert die Industrie in Chemnitz entwickelte, wuchsen auch die neuen großen Wohnviertel um die alte, dicht bebaute Kernstadt: der »Sonnenberg« im Osten, »Brühl« und »Neu-Hilbersdorf« im Norden, der »Kaßberg« und »Schloßchemnitz« im Westen sowie die Südvorstadt. Das städtebauliche Grundkonzept war in allen großstädtischen Wohngebieten nahezu gleich: quartierförmige Wohnkarrees im meist streng linear angelegtem Straßenraster, akzentuiert durch besondere Gestaltung der Eckgebäude und durch einige großzügig angelegte städtische Grünplätze. Aber ebenso wurde in dieser Zeit die gesamte Infrastruktur verstärkt ausgebaut: Straßen- und Schienenverbindungen, Bahnhöfe, Schulen, Kirchen, Krankenhäuser, Kulturbauten etc. entstanden neu.[3] Zu Beginn des 20. Jahrhunderts setzte auch in Chemnitz im Zuge der Gartenstadtbewegung der Bau

Abb. 2: Blick vom Kapellenberg über Chemnitz um 1900, Archiv Denkmalschutzbehörde Chemnitz

von Kleinwohnsiedlungen ein. Der größte Komplex mit verschiedenen Bebauungsformen und Haustypen entstand im Stadtteil Gablenz durch die Allgemeine Baugenossenschaft Chemnitz und Umgebung. Begonnen wurde sie 1910 und mit einer Unterbrechung durch den Ersten Weltkrieg bis 1937 etappenweise fertiggestellt. Architekten wie Curt Henning, Erwin Schäller, Adolph Münnich oder Bruno Kalitzki entwarfen die einzelnen Bauabschnitte. Im gleichen Zeitraum wurden für den Chemnitzer Spar- und Bauverein der »Wissmann-Hof« (1927–1929) von Hans Schindler und für die Wohnhausbau Chemnitz GmbH der »Robert-Straube-Hof« (1927–1929) nach Plänen des Architekten Curt am Ende erbaut. Die Architekten Max Feistel und Dr. Max Pötzsch schufen den »Wartburg-Hof« (1926–1928) für die Chemnitzer Hausbaugesellschaft mit 400 Wohnungen. Der »Helenenhof« (1927/28) von Jähnichen & Puschmann und ihrer Zentralbaugesellschaft mbH inmitten des gehobenen

Abb. 3: Siedlung Pappelhof, Landesamt für Denkmalpflege

Gründerzeit-Jugendstil-Wohnviertels »Kaßberg« sorgte mit 132 Kleinwohnungen für eine soziale Durchmischung in der Einwohnerstruktur. In den Stadtteilen Altendorf und Kappel entstanden ebenfalls größere genossenschaftliche Siedlungen. Auch das Hochbauamt der Stadt unter Leitung von Fred Otto plante einige Wohnsiedlungen für die kommunale Wohnhausbau Chemnitz GmbH. Dazu zählen die Wohnkomplexe auf der Humboldthöhe mit integrierten Kleingartenanlagen, die Wohnhauszeile an der Fürstenstraße und die Siedlung »Pappelhof« (1929–1931) am Sachsenring. **(Abb. 3)** Hinzu kamen noch vorrangig betriebseigene Siedlungen wie die Eisenbahnersiedlungen in Borna und Hilbersdorf oder die Wanderer-Siedlung in Schönau.

Hervorragende öffentliche Bauten

Doch zurück zum Thema: Über 50 Einzelbauten und Wohnanlagen aus der Zeit der Weimarer Republik sind noch im Chemnitzer Stadtbild erhalten und heute als Kulturdenkmale der Stadt Chemnitz in

Abb. 4: Industrieschule am Park der Opfer des Faschismus (OdF) 2020, Archiv Denkmalschutzbehörde Chemnitz

der Denkmalliste des Freistaates Sachsen erfasst. Auch hielten sich die Verluste durch die Bombenangriffe auf Chemnitz im März 1945 für die prägnanten Gebäude aus dieser Epoche in Grenzen. Die meisten dieser Bauwerke wurden nach der politischen Wende denkmalgerecht instandgesetzt, saniert, um- oder ausgebaut sowie nach- und umgenutzt. Neben der Industriearchitektur waren es vorrangig kommunale Bauprojekte und genossenschaftliche Wohnanlagen, die in Formen der Neuen Sachlichkeit in der Mehrzahl ab 1925 in der Stadt Chemnitz realisiert worden sind.

Die Industrieschule von Friedrich Wagner-Poltrock, entstanden 1924 bis 1926, war eine der größten und progressivsten Berufsschulen in Deutschland. **(Abb. 4)** Das Stadtbad, 1926 von Stadtbaurat Fred Otto konsequent in Formen der Neuen Sachlichkeit entworfen (fertiggestellt 1935), zählte damals zu den modernsten seiner Art in ganz Europa. **(Abb. 5)** Das 1929/30 durch den Architekten Erich Mendelsohn geplante Kaufhaus der jüdischen Familie Schocken mit seiner geschwungenen Bandfassade an der Brückenstraße verkörperte

Abb. 5: Stadtbad Mühlenstraße 27, 2019, Archiv Denkmalschutzbehörde Chemnitz

Abb. 6: Haus Feistel Kesselgarten 3, Archiv Denkmalschutzbehörde Chemnitz

Abb. 7: Astra-Werke, Altchemnitzer Straße 41, Archiv Denkmalschutzbehörde Chemnitz

den neuen Warenhaustypus. Der Architekt Max W. Feistel entwarf 1929 sein eigenes Wohnhaus als kubistisches Stahlskelетthaus am Kesselgarten 3 in Schloßchemnitz und ließ es in kürzester Bauzeit von nur drei Monaten bezugsfertig errichten. **(Abb. 6)**

Eine Vielzahl funktionell und gestalterisch hochklassiger Industriebauten aus dieser Epoche wäre noch zu nennen, wie die Cammann-Weberei mit dem ersten Industriehochhaus und die Astra-Werke **(Abb. 7)** von Willy Schönfeld, die Wanderer-Werke von Zapp & Basarke, die Fabriken der Schubert & Salzer AG mit dem markantem Uhrenturm von Erich Basarke **(Abb. 8)**, das AOK-Gebäude von Curt am Ende, das Umspannwerk am Getreidemarkt und die Diesterweg-Schule von Friedrich Wagner-Poltrock **(Abb. 9)** oder

Abb. 8: Uhrenturm der Schubert & Salzer AG 2005, Landesamt für Denkmalpflege

Abb. 9: Umspannwerk am Getreidemarkt – heute Jugendherberge, Foto: Landesamt für Denkmalpflege

Abb. 10/10a: Stern-Garagenhof 1929/2018, Archiv Denkmalschutzbehörde Chemnitz

der »Stern-Garagenhof« mit 300 Garagenplätzen und Service als das erste Parkhaus Sachsens. **(Abb. 10 und 10a)** Hauptsächlich wurden diese Gebäude entworfen und erbaut von Chemnitzer Architekten wie Curt am Ende, Erich Basarke, Max W. Feistel, Bruno Kalitzki, Willy Schönefeld oder Friedrich Wagner-Poltrock. Viele dieser Gebäudeentwürfe waren stark von der Bauhaus-Lehre beeinflusst, ohne dass einer der lokalen Protagonisten je Student oder Mitarbeiter am Bauhaus war.

Stadtbaurat Fred Otto – Protagonist des Neuen Bauens in Chemnitz

Ein wichtiger Protagonist des Neuen Bauens in Chemnitz war seit seinem Amtsantritt 1925 der Stadtbaurat (Martin Alfred) Fred Otto. Geboren am 4. Dezember 1883 in Rabenau bei Dresden, erlernte er das Maurerhandwerk und studierte danach Architektur an der Technische Hochschule Dresden, beeinflusst von Heinrich Tessenow und Fritz Schumacher. Nach Tätigkeiten in der Bauverwaltung der Stadt Dresden folgte der Einsatz als Offizier im Ersten Weltkrieg.[4] Nach kurzer Gutachtertätigkeit bei der Amtshauptmannschaft Rochlitz nahm er im Mai 1920 eine Anstellung als Oberbaukommissar im Hochbauamt der Stadt Chemnitz unter Stadtbaurat Richard Möbius (1859–1945)[5] an. Bevor ihn der in Pension gehende Richard Möbius zu seinem Nachfolger als oberster Baubeamter der Stadt vorschlug, leitete Fred Otto bereits erfolgreich das Baupolizeiamt. Die Stadtverordnetenversammlung stimmte mehrheitlich für den Wahlvorschlag von Möbius.

Der neue Stadtbaurat und Leiter des Hochbauamtes, Fred Otto, begann schon Ende 1925 mit den Planungen des Stadtbades, welches Ende 1926 im Rohbau errichtet war, aber nach langer Bauunterbrechung erst neun Jahre später fertiggestellt und eröffnet werden

Abb. 11: Sparkassengebäude, heute Museum Gunzenhauser 2006, Wikimedia: Reinhard aus Sachsen GNU FDL Version 1.2

konnte. 1927 folgte das Verwaltungsgebäude der Wasserwerke an der Theresenstraße. Hier verwendete Fred Otto das gleiche Klinkermaterial wie an den Fassaden des Städtischen Realgymnasiums und der Industrieschule. Mit dem kubistischen Bau mit leicht konvexer

Fassade ergänzte er das kommunale Gebäudeensemble an der Ostseite des städtischen Parks hervorragend. Mit dem neuen Sparkassengebäude hinter dem Falkeplatz (1928–1930) in kubistischen Formen und mit Travertinfassade wertete er gleichzeitig eine städtebaulich komplizierte Straßenkreuzung auf. **(Abb. 11)** In diesem Gebäude befindet sich heute das Museum Gunzenhauser, konzipiert vom Architekturbüro Volker Staab aus Berlin. Mit der Volksschule Chemnitz-Borna (1929) und der Jugendnervenklinik an der Dresdner Straße (1930) entwickelte er mit seinen Mitarbeitern progressive Raumkonzepte in der Kombination von kubistischen Pavillons mit funktionellen Bezügen zum Landschaftsraum. Aber auch bei der Umnutzung von Gebäuden hatte Otto Vorbildcharakter, so 1931 beim Umbau des ehemaligen Klosters und späteren Amtsschlosses zum Museum für Stadtgeschichte. Fred Ottos Einfluss auf das moderne Bauen in Chemnitz bis 1933 lässt sich sowohl durch die beispielgebenden eigenen Werke, durch die Steuerung aller Bauprozesse, den Einfluss auf private Investitionen und die Auslobung von Architektenwettbewerben gut belegen. Sein kreatives Wirken bleibt im Stadtbild unübersehbar.

»Strümpfe, Handschuhe, Trikotagen, Kunstseide« oder Die fast vergessene Welt jüdischer Unternehmer in Chemnitz[6]

Jürgen Nitsche

Als Anfang der 1930er Jahre der Rabbiner Dr. Hugo Fuchs (1878–1949) gebeten wurde, einen Abriss über die 60-jährige Geschichte der Juden in Chemnitz zu verfassen, hob er die rasche Ansiedlung jüdischer Unternehmer nach der Reichsgründung 1870/71 hervor.[7]

Im Zuge der industriellen Revolution hatte sich die Stadt zu einer aufstrebenden »Fabrik- und Handelsstadt«[8] entwickelt. Die Stadt gewann dadurch an Attraktivität für jüngere jüdische Handels- und Kaufleute.[9] Mit Ausnahme der bereits über 50-jährigen Abraham Dresel und Salomon Simon traf dies auf die jüdischen Männer zu, die sich im letzten Drittel des 19. Jahrhunderts in der Stadt an der Chemnitz ansiedelten und einen wesentlichen Anteil am weiteren wirtschaftlichen Aufstieg der Stadt und des Umlandes hatten, vor allem im Bereich der Textilindustrie.

Bereits Ende 1867 gab es die ersten Einträge von Konfektionsgeschäften in das Chemnitzer Handelsregister.[10] 1868/69 eröffneten Julius Simon[11] und Abraham Dresel am Markt ihre Bekleidungsgeschäfte.[12] Der 29-jährige Kaufmann Moritz Fränkel folgte ihnen im Sommer 1869 mit einem Ledergeschäft in der Webergasse, das bis Frühjahr 1922 bestand. 1869/70 gründete Hermann Fürstenheim ein Damengarderobegeschäft und Bernhard Baer eine Kurzwarenhandlung. Beide Kaufleute zogen 1874 nach Dresden. Die Lebenswege der genannten Personen waren sicher kennzeichnend für jüdische Kaufleute der ersten Generation. So blieb nur etwa ein Drittel der 1872 in Chemnitz gemeldeten Juden dauerhaft in der Stadt. Diejenigen, die sich für Chemnitz als ständigen Wohnsitz entschieden, wandten sich frühzeitig den für die Stadt neuen Industriezweigen zu, unter anderem der Möbelstoff- und Plüschweberei, der Wirkerei sowie der Strumpf- und Handschuhfabrikation. Dr. Fuchs, seit 1907 amtierender Gemeinderabbiner, fasste diese Bereiche später kurz und treffend mit »Strümpfe, Handschuhe, Trikotagen, Kunstseide«[13] zusammen.

Einige der Kaufleute ließen sich aber auch in traditionellen Wirtschaftsbereichen nieder, die besonders in den früheren Ostprovinzen verbreitet waren. So eröffnete der aus der Provinz Posen stammende Kaufmann Salomon Posner im Jahr 1880 in dem Haus Zwickauer Straße 24 eine Pferdegroßhandlung. Er starb am 1. Juni 1885 in einer Droschke in Berlin. Meyer und Simon Posner, seine jüngeren Brüder, führten das Geschäft weiter. Sie boten »große Transporte bestgezogener Hannoverscher, Holsteiner, Mecklenburger sowie Oldenburger Wagenpferde«[14] an. Meyer Posner stieg in der Folgezeit bis zum »Kgl. Sächs. Hoflieferanten« auf. Der Kaufmann Hermann Abrahamsohn, der aus der Provinz Brandenburg stammte, betrieb ab 1888 im Vorort Kappel einen Handel mit Landprodukten.

Innerhalb kürzester Zeit entstand so eine Reihe größerer und kleinerer jüdischer Familienbetriebe, die über Jahrzehnte hinweg das wirtschaftliche Antlitz der Region prägen sollten. Ihre Inhaber waren mit der Stadt Chemnitz eng verbunden. Das demonstrierten sie im Herbst 1911, als sie sich zahlreich an der Sammelspende der Chemnitzer Kaufmannschaft für das Neue Rathaus beteiligten.[15] Ihre Namen lauteten Adolf Beck, Adolph und Eduard Becker, Max Berger, Max Doerzbacher, Leon und Wilhelm Leder, Wilhelm Lippmann, Oscar Kohorn, Theodor Wangenheim, um nur die namhaftesten zu benennen. Auch 13 Jahre später traten Martin Cohn, Georg Mecklenburg, Oscar von Kohorn (seit 1918 im Adelsstand) und Max Spielmann sowie Gustav Gerst, der Bamberger Inhaber des Warenhauses H. & C. Tietz, als Stifter für den Umbau des Alten Stadttheaters zum Sprechtheater in Erscheinung.

Industrie und Gewerbe

Besonders in der Chemnitzer Möbelstoffindustrie, die zu den bedeutendsten ihrer Art in Deutschland gehörte, engagierte sich in den ersten Jahrzehnten eine Reihe der zugezogenen jüdischen Kaufleute. Die Gebrüder Goeritz, die Gebrüder Friedheim sowie Emanuel Adler, Saul Schreiber und Salomon Seidler reihten sich in die Phalanx der hiesigen Fabrikanten ein, die Baumwoll- und Leinenplüsche, Tisch- und Diwandecken, Portieren und Vorhänge aller Art anfertigen und in allen Teilen der Welt vertreiben ließen.[16] In den 1890er Jahren kamen Leopold Neumeyer, Matthias Pulvermacher und Joseph Wolff mit ihren Betrieben hinzu. Mit Ausnahme des aus Ungarn stammenden E. Adler[17] blieben die genannten Unternehmer dieser Branche verbunden, oftmals bis in die 1930er Jahre hinein.

Einen wesentlichen Bestandteil der Chemnitzer Textilindustrie bildete seit Anfang des 18. Jahrhunderts die Wirkerei, die seit den 1850er Jahren fabrikmäßig betrieben wurde. Davon profitierte besonders die Fabrikation von Strümpfen, Handschuhen und Untertrikotagen. Die Nachfrage nach Chemnitzer Textilwaren aus dem Ausland, insbesondere den USA und England, aber auch Holland, Belgien und der Türkei, wuchs in den folgenden Jahrzehnten sprunghaft an.

Ein Großteil der in den 1870er Jahren nach Chemnitz gezogenen jüdischen Kaufleute betrieb zunächst Handel mit Textilwaren der verschiedensten Art, erkannte aber bald die Möglichkeiten der

Abb. 1: Handschuhfabrik Heidenheim, Oppenheim & Co., 1910, Sammlung Nitsche

hiesigen Wirkwarenbranche. Der aus Sondershausen stammende Gustav Heidenheim gründete 1879 wohl die erste Handschuhfabrik in Chemnitz, die im Besitz eines jüdischen Kaufmanns war. **(Abb. 1)** Der in Brüssel wohnhafte Fabrikant Joseph Aram ließ 1880 ein Strumpfwarengeschäft in Chemnitz anmelden, aus dem sich in den Folgejahren unter der Leitung des Kaufmanns Isaak Loeb eine bedeutende Strumpf- und Handschuhfabrik entwickelte, deren Spezialität »Fantasiesocken«[18] waren.

In den Jahren 1882/83 errichteten jüdische Kaufleute vier Unternehmen in Chemnitz, die den Weltruf der sächsischen Textilindustrie mitbegründeten und in den 1920er Jahren an der Spitze sämtlicher Stoffhandschuh- und Trikotagenfabriken standen. Neben den Handschuh- und Strumpffabriken Louis Lewy & Co.[19], die ihre Produktionsräume in dem Gebäudekomplex Rochlitzer Straße 27–29 sowie in Brand-Erbisdorf (Erzgebirge) hatten und über 20 Jahre lang von

Abb. 2: Maschinensaal der Strumpf- und Handschuhfabriken Louis Lewy Co., Firmenalbum 1932, Sammlung Nitsche

den Fabrikanten Julius Hirsch und Ernst Schwab geleitet wurden **(Abb. 2)** und der Stoffhandschuhfabrik Gebrüder Becker waren dies die Trikotagenfabriken Aug. Marschel & Co. und Sigmund Goeritz.

Abb. 3: Strumpffabrik H. Sigler & Co., Firmenalbum 1930, Privatbesitz

In den 1880er Jahren wurde in Chemnitz eine Reihe weiterer bedeutender Textilunternehmen von jüdischen Kaufleuten gegründet, die unter anderem aus Köln, Breslau oder Leipzig stammten. Fabrikanten aus Mainz oder Berlin errichteten Niederlassungen in Chemnitz. So wurde im November 1886 die Mechanische Trikotweberei und Trikotagenfabrik Fischer, Maas & Kappauf gegründet, an der die jüdischen Fabrikanten Julius Fischer und Heinrich Maas beteiligt waren. Die Firma, deren Sitz 1899 nach Oberlungwitz verlegt wurde, genoss später als Goldfisch-Strumpffabrik GmbH landesweites Ansehen.

Zwischen 1885 und 1920 wurde eine Vielzahl von jüdischen Textilfabriken und -großhandlungen gegründet, so Max Berger und Siegfried Peretz (jeweils 1887), Gebrüder Sussmann (1888), Jacob Doerzbacher (1890), Jacob Cohn (1892), Sächsische Corsettschonerfabrik Max Franck (1893), Oscar Lichtenstein und Hans Friedländer

(1895), Max Spinath und Leon Leder (jeweils 1899), Leopold Leyser (1901) sowie Joseph Kiewe und Salomon Stern (jeweils 1902). Im September 1902 errichteten Hans Bernstein und Louis Stern die Mechanische Wollwarenfabrik GmbH in der Zwickauer Straße 138. Im April 1905 wurde die Strumpffabrik Herschko Sigler & Co. **(Abb. 3)** gegründet. Sie war eine der wenigen erfolgreichen Gründungen aus der Vorkriegszeit, die von jüdischen Kaufleuten mit ausländischer Staatsbürgerschaft initiiert worden war. Weniger Glück hatten die Eheleute Koppel und Sara Geller, die anfangs auf dem Sonnenberg mit Fett, später in der Innenstadt mit Herren- und Knabengarderobe handelten. Arthur und Jacques Geller, ihre Söhne, hatten sich mit der Herstellung von Gummimänteln ebenfalls verspekuliert. Erst ein Teilzahlungsgeschäft für Herren- und Damenkleidung versprach dauerhaften Erfolg.

Einige Unternehmen erlangten nationale Bedeutung und ließen die Schutzmarken für ihre Erzeugnisse in das Warenzeichenregister eintragen, unter anderen »HOCO« und »AGO« von Heidenheim, Oppenheim & Co., »BEDOWA« von den Gebrüdern Becker, »Juvena« von Max Franck, »Sanitas« von Adolf Sussmann, »Lewastrumpf« von Louis Lewy & Co., »Factum« von Max Doerzbacher und »Venus« (Venus-Segelboot) von Sigmund Goeritz.

Die Trikotagenfabriken und Spinnereien Marschel Frank Sachs AG, die am 2. Mai 1921 aus einer Vereinigung dreier bis dahin selbstständiger Firmen entstanden waren, gehörten zu den bedeutendsten jüdischen Unternehmen in der mitteldeutschen Wirtschaftsregion.

Die Unternehmerfamilien hatten nach Kriegsende die Notwendigkeit erkannt, »die von den drei Firmen getrennt erzeugten Fabrikate verschiedenster Art auf gemeinsamer Basis herzustellen«.[20] Die älteste und größte von ihnen war die im Juli 1882 gegründete Trikotagenfabrik August Marschel & Co, später Marschel- oder Hauptwerk genannt. Sie befand sich im Haus Lothringer Straße 2 und entwickelte sich unter der Leitung der Brüder Marcus Isaak und Julius Bernstein binnen kürzester Zeit zu einer Firma mit 2.000 Beschäftigten. Der nichtjüdische Mitgründer und Namensgeber August Roman Marschel war bereits 1886 aus der Firma ausgeschieden. Die 1.500 Beschäftigte zählende Firma Felix Frank, später Frankwerk genannt, die die Brüder Felix und Julius Frank im Januar 1885 in das Handelsregister eintragen ließen und die ihren Sitz in der Alfredstraße 10 hatte, war die zweite der Firmen. Die dritte Firma war 1911 von Erich Sachs gegründet worden und befand sich bis 1913 in der Zwickauer Straße 117, danach übersiedelte sie nach Böhrigen. 1925 wurden das Leyserwerk an der Voigtstraße und 1929 eine weitere Spinnerei, das spätere Werk Lößnitztal, erworben. Das Leyserwerk diente seit 1931 nur noch als Lagerraum.

Die neu gegründete Aktiengesellschaft hatte ihren Hauptsitz auf dem fast 16.500 Quadratmeter umfassenden Fabrikgelände Lothringer Straße 2. Die Marschel Frank Sachs AG entwickelte sich in den Folgejahren zu einem Imperium von zwölf Tochtergesellschaften in Chemnitz, dem Erzgebirge und anderen Orten Deutschlands. Es zählte insgesamt 5.000 Beschäftigte. Die Produktpalette umfasste Sommer- und Winteruntertrikotagen für Damen, Herren und Kinder in allen Qualitäten, naturfarbig und in bunten Farben.

Nach dem Ersten Weltkrieg wurden fast jeden Monat mehrere neue Gewerbe oder Firmen bei den zuständigen Behörden angemeldet. Sehr aktiv zeigten sich in den 1920er Jahren die aus Ost- und Südosteuropa eingewanderten Juden.

Besonderer Erfolg war den aus Lettland und Russland stammenden Kaufleuten Alexander Weinreich und Jacob Mirsky beschieden, die im März 1921 an der Schadestraße die UNITAS Wirkwaren GmbH gründeten, die später als UNITAS Strumpffabriken über die Landesgrenzen hinaus bekannt wurde. 1923 errichtete Heinrich Noskowitz an der Hainstraße die exportorientierte GLOBUS Aktiengesellschaft für Textilindustrie, die durch ihre Fabrikation von Damenstrümpfen und deren Ausfuhr nach England Bedeutung erlangte.

Zum Teil gelangten die jüdischen Handelsleute auch aus türkisch oder persisch geprägten Kulturkreisen nach Chemnitz. So gründete der Kaufmann Joseph Salem, der aus Izmir (damals Smyrna) stammte, im Sommer 1920 an der Zschopauer Straße ein Strumpfwarengeschäft. Im Sommer 1923 verlegte er dieses nach Schönau. Im Januar 1927 eröffnete der Kaufmann Benzion Moschi, der seine Wurzeln im Kaukasus hatte, ein Handelsgeschäft, in dem unter anderem seidene Strümpfe und Fantasiesocken verkauft wurden. Im Frühjahr 1929 kam Jonathan Djanogly aus Istanbul, um an der Annaberger Straße 59 ein Strumpfwaren-Exportgeschäft zu eröffnen. Der Einkäufer Jakoup Bagdadlioglu, der aus Persien stammte, lebte seit Sommer 1930 mit seiner Familie in Chemnitz. Damals meldete er im Gewerbeamt ein Strumpfwaren-Exportgeschäft an.

Nicht minder bedeutungsvoll war damals auch die Branche der Färberei und Textilveredlung, die sich in der Chemnitzer Industrieregion zur höchsten Blüte entwickelt hatte. In den dortigen Färbereibetrieben wurden »Gespinste aus Wolle, Baumwolle, Seide und Kunstseide, ferner die fertigen Produkte, wie Strümpfe, Handschuhe, Trikotagen, Möbelstoffe, Decken usw. gebleicht, gefärbt und appretiert«.[21] Neben den Färbereien in der Stadt[22] trugen auch zwei Betriebe aus der unmittelbaren Umgebung, die sich in jüdischem Besitz befanden, dazu bei, dass die Chemnitzer Region Weltruf erlangte: Dazu gehörten die Ende der 1890er Jahre gegründete Diamantschwarz-Färberei Kunath & Mecklenburg in Oberlungwitz und die im Mai 1904 von Alfred Herzberg übernommene Färberei Hermann Friedrich in Schönau.[23]

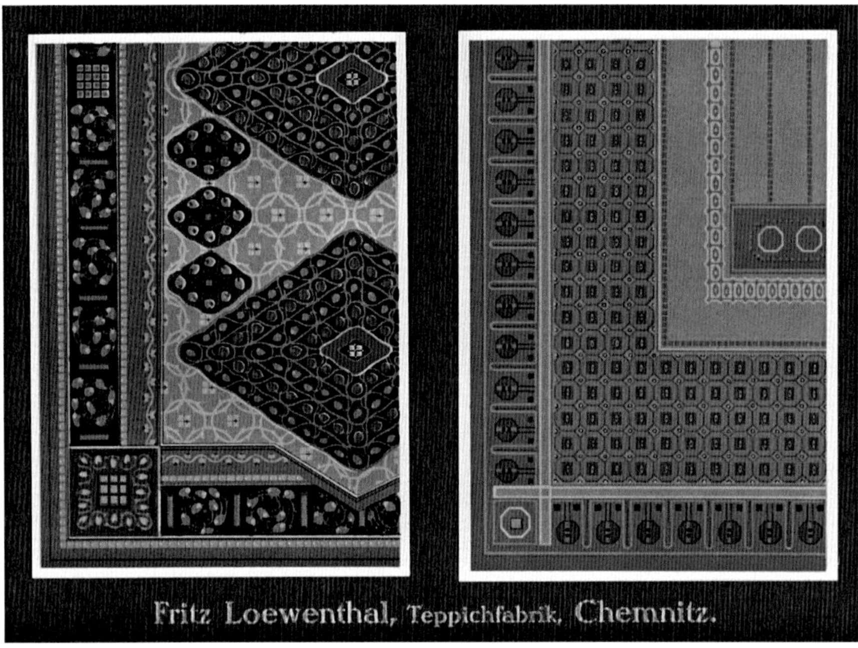

Abb. 4: Teppichmuster der Fritz Loewenthal KG, Kunstgewerbeverein Chemnitz, 1912

Jüdische Kaufleute waren es auch, die in den 1890er Jahren die Grundlagen für die erfolgreiche Chemnitzer Teppichindustrie schufen. Louis Ladewig und Fritz Loewenthal – beide wurden später mit dem Titel »Kommerzienrat« geehrt – erwarben sich große Verdienste, ebenso Oscar Kohorn[24] mit seiner Chemnitzer Teppichfabrik in der Zwickauer Straße 108. Loewenthals Teppichfabrik[25] befand sich seit Sommer 1908 in dem Fabrikgebäude der ehemaligen Aktienspinnerei (Schillerstraße 1a), das seit Herbst 2015 zur neuen Universitätsbibliothek[26] umgebaut wurde. **(Abb. 4)**

Jüdische Unternehmer engagierten sich auch in anderen Bereichen der Chemnitzer Wirtschaft stark. Besonders erfolgreich war beispielsweise der Fabrikant Adolf Beck, der im Herbst 1883 am

Wettinerplatz 2[27] eine Häute- und Fellgroßhandlung eröffnet hatte. Bis zu seinem Tod im April 1917 gehörte Beck dem Überwachungsausschuss der Deutschen Lederindustrie an. Im Sommer 1886 gründete der Kaufmann Wilhelm Lippmann am Wettinerplatz 8 eine gewinnbringende Eisen- und Metallwarengroßhandlung, die bis zum Frühjahr 1933 existierte. Von Dezember 1909 bis März 1913 besaß der Unternehmer sogar eine Niederlassung in Berlin.

Handel und Handwerk

In der Stadt Chemnitz gab es zudem eine Vielzahl von Kauf- und Warenhäusern, die von jüdischen Kaufleuten bereits frühzeitig gegründet worden waren. Es handelte sich dabei oft um Niederlassungen von Handelshäusern, die in anderen Städten (u. a. in Berlin und Guben) unter gleichen Namen bestanden. Dies betraf auch die Filialgeschäfte der Warenhauskonzerne H. & C. Tietz (Bamberg) und der Schocken KG auf Aktien (Zwickau). Hauseigene Einkaufshäuser hatten auch die Leonhard Tietz AG (Altchemnitzer Straße 4), die Rudolf Karstadt AG (Annaberger Straße 93), die Lindemann & Co. AG (Bernsdorfer Straße 46), die M. J. Emden Söhne GmbH (Glockenstraße 1) und die A. Wertheim GmbH (Lohstraße 37) in der Stadt. Die Sächsische Textilgesellschaft mbH (Zwickauer Straße 173/175) war ein Anschlussgeschäft der Hermann Tietz OHG.

In den 1880er Jahren entstanden Handelsgeschäfte, die sich innerhalb kürzester Zeit fest als Modehäuser und Textilfachgeschäfte etablierten: Neben den Firmen Königsfeld & Co. (Holzmarkt) und Gebrüder Wertheimer (Roßmarkt), die zu den bei der Chemnitzer Bevölkerung besonders beliebten Einkaufsadressen gehörten, waren dies unter anderen die Geschäfte der Kaufleute Richard Schlesinger, Sigismund Boas, Salo Guttmann und Theodor Wangenheim.

Abb. 5: Verkaufsraum des Modehauses Gebr. Wertheimer, Chemnitz in Wort und Bild, 1911

Abb. 6: Reklameheft der Gebr. Wertheimer AG, Fotos: Suse Byk, Berlin-Charlottenburg, Sammlung Nitsche

Besonders das Spezialhaus für Damenkleidung der Gebrüder Wertheimer, das zu den größten seiner Art in Sachsen gehörte, war bekannt dafür, dass die neuesten Modelle aus Paris, Berlin und Wien gezeigt, vorgeführt und verkauft wurden. **(Abb. 5)** Es wurden aber auch »zu billigen Preisen« nachgefertigte Modelle, unter anderem von Mänteln, verkauft. **(Abb. 6)** Zu diesem Zwecke warben die Geschäftsinhaber mit einer eigenen Maßabteilung. Anfang 1922 erwarb Adolf Wassermann, der das Geschäft seit 1914 leitete, das fünfgeschossige Haus Poststraße 2, in dem sich das Modehaus bereits seit einiger Zeit befand. Den 120 kaufmännischen und gewerblichen Mitarbeitern standen das Erdgeschoss und zwei Obergeschosse zur Verfügung. Mitten in der Weltwirtschafskrise, im Juli 1930, konnte Wassermann ein Vergleichsverfahren noch abwenden. Er sah keinen anderen Ausweg, als den Architekten Bruno Kalitzki zu beauftragen, das Haus für die Salamander-Schuhgesellschaft mbH umzubauen. Das künftige »Haus Salamander Chemnitz«, das das Erdgeschoss und das erste Obergeschoss als Verkaufsstellen nutzen sollte, konnte aber das Modehaus auch nicht vor dem Untergang bewahren.

Jüdische Kaufleute übernahmen zum Teil auch bereits bestehende Geschäfte und bauten diese mit Erfolg aus. Dies betraf unter anderem das Warenhaus Gebrüder Böhm, das Salo und Heinrich Böhm im Jahr 1903 im ehemaligen »Moltke-Haus« (Teichstraße 1) eröffnet hatten. **(Abb. 7)** Bereits im Frühjahr 1906 hatten die Brüder das Warenhaus an den Kaufmann Georg Götz verkauft. Dieser konnte sich mit dem Geschäft, in dem vor allem Posamenten-, Kurz- und Manufakturwaren, Haushaltsartikel und Genussmittel verkauft wurden, in der Innenstadt etablieren. Im Jahr 1926 verlegte er das Warenhaus in das Haus Gartenstraße 3[28]. Die Witwe Toni Götz leitete das Kaufhaus weiter, bevor es im Frühjahr 1937 in »arische« Hände überging, wie es in einer Mitteilung der *Jüdischen Zeitung für Mittel-*

Abb. 7: Warenhaus Gebr. Böhm, Ansichtskarte, Verlag Gebr. Böhm, Chemnitz, Sammlung Nitsche

sachsen am 7. Mai 1937 hieß. Der Kaufmann Hans Herbert Hochmuth wurde neuer Besitzer. Das Warenhaus hieß nunmehr Hochmuth & Co.

Das Warenhaus der Firma Richard Schlesinger befand sich in einem repräsentativen Eckhaus an der Königstraße 11/Brückenstraße. **(Abb. 8)** Die Manufaktur- und Modewaren wurden im Erdgeschoss und auf vier Obergeschossen angeboten. Nach 23 Jahren zog sich der Firmengründer im Juli 1906 aus dem Geschäft zurück und übergab dieses in die Hände des nichtjüdischen Kaufmanns Ferdinand Scholvin[29], der aber den jüdischen Firmennamen beibehielt. Erst 1933 änderte er dies. Das Textilfachgeschäft hieß fortan Scholvin & Co. GmbH. Mitte der 1930er Jahre wurde das Geschäft von der Deutsches Familien-Kaufhaus GmbH (DeFaKa), die seit 1932 ihren Sitz in den USA hatte, übernommen.

Zahlreiche Schuhgeschäfte befanden sich ebenfalls in der Innenstadt: Die aus dem Baltikum stammenden Brüder Isaak und Bernhard Balkind besaßen zusammen fünf Verkaufsstellen in der Innenstadt.

Abb. 8: Geschäftshaus der Firma Richard Schlesinger, Chemnitz in Wort und Bild, 1911

Seit längerem bestanden die Geschäfte von Josef Benda (1886), Hugo Fleischer (1897) und den Gebrüdern Camnitzer (1899). Die bekannte Burger Schuhhändlerfamilie Tack hatte sich auch frühzeitig in Chemnitz engagiert[30]. Das Leipziger Schuhspezialhaus H. Nordheimer hatte seit April 1914 eine Niederlassung am Johannisplatz 3. Sogar führende Schuhwarenhersteller und -händler des Landes wie Salamander (Kornwestheim), Julius Speier (Frankfurt/Main) und Bottina (Berlin)[31] oder gar Europas wie Bata (CSR) hatten in Chemnitz Filialen.[32] Mit Abraham Goldstein, Moses Kartuson und Max Oschinski gab es aber auch jüdische Schuhmacher in der Stadt.

Das Haus Holzmarkt 15, das im Besitz des Stadtrates Hugo Fleischer war, war in der Stadt als »Das Schuhhaus für Alle« bekannt. Das 1826 errichtete Haus war letztmalig 1897 umgebaut worden. Mitte der 1920er Jahre waren erneut Umbauarbeiten erforderlich. Fleischer hatte Max Feistel und Dr.-Ing. Kurt Pötzsch, die Inhaber eines gemeinsamen Büros für Architektur und Bauleitung, beauftragt, den aufwendigen Ladenumbau, der u.a. die komplette Umgestaltung des ersten Obergeschosses vorsah, auszuführen. Im Frühjahr 1928 war der Umbau unter Aufrechterhaltung des Verkaufsgeschäftes abgeschlossen. Dem Geschäftsinhaber stand nunmehr die doppelte Verkaufsfläche zur Verfügung.

Bankwesen

Im Gegensatz zu den Mitgliedern der Dresdner und Leipziger Israelitischen Religionsgemeinden traten die Chemnitzer Juden in diesem Bereich nur marginal auf.

Die Ausnahme bildete das Bankhaus Bayer & Heinze. Es wurde im November 1889 in Chemnitz durch den jüdischen Kaufmann Albert Bayer (1865–1908) und seinen nichtjüdischen Geschäftspartner Constantin Franz Heinze (1867–1937) gegründet. Die Gründer konzentrierten sich von Anfang an auf die Finanzierung der Maschinen- und Textilindustrie der Chemnitzer Wirtschaftsregion.[33] Als der unverheiratete Albert Bayer im März 1908 starb, trat das renommierte Dresdner Privatbankhaus Gebrüder Arnhold[34] als alleiniger Kommanditist in die Firma ein. Die Chemnitzer Bank errichtete zwischen 1908 und 1922 vier Filialen in Sachsen: in Burgstädt, Lichtenstein-Callnberg, Thalheim und schließlich in Leipzig.[35]

Das Chemnitzer Stammhaus hatte seit 1921 seinen Sitz in dem Gebäudekomplex Innere Johannisstraße 1–5. Dort waren insgesamt 160 Personen beschäftigt. Im Januar 1920 wurde der aus Köln stammende jüdische Kaufmann Carl Heumann Mitinhaber der Privatbank. Die Nürnberger Rassengesetze wirkten sich auch auf Heumanns Situation verheerend aus. So wurde der angesehene Bankier und Kunstsammler, obwohl er aufgrund der Vermählung mit der Unternehmertochter Irmgard Buddecke zum Protestantismus konvertiert war, am 17. Juni 1937 als persönlich haftender Gesellschafter abgelöst. Bis zum 30. September 1939 war er noch Kommanditist. Eine von den NS-Wirtschaftsbehörden verlangte Namensänderung des Bankhauses wurde auf die Zeit nach Kriegsende hinausgeschoben.

Zum »Judenboykott« am 1. April 1933

Die NS-Machtübernahme im Jahr 1933 bedeutete für die jüdischen Unternehmer in Chemnitz und ihre Familien von Anfang an Entrechtung und Verfolgung. Die ersten brutalen Maßnahmen des neuen Regimes hatten im März 1933 im Ausland für Unruhe und Proteste gesorgt. Die Nationalsozialisten machten für diese Haltung »jüdische Gräuelpropaganda« verantwortlich und nahmen diese zum Anlass, für den 1. April 1933 zu einem landesweiten Boykott jüdischer Geschäfte, Warenhäuser, Rechtsanwälte und Ärzte aufzurufen. Dafür ließ die NSDAP laut eines Appells der Parteileitung vom 28. März 1933 in jeder Ortsgruppe und Organisationsgliederung sofort Aktions-Komitees bilden, die die Durchführung des Boykotts vorbereiten sollten. **(Abb. 9)**

Das eigens gegründete Zentral-Komitee zur Abwehr jüdischer Gräuel- und Boykotthetze verabschiedete noch am 30. März 1933 eine erste Boykottverordnung, die 14 Punkte umfasste. Unter anderem sollten von Samstagvormittag an Lastkraftwagen oder Möbelwagen Transparente mit folgenden Losungen durch die Straßen fahren:

Abb. 9: Handschuh- und Strumpffabrik Max Doerzbacher unterm »Hakenkreuz«, 1933, Privatbesitz

»1. ›Zur Abwehr der jüdischen Gräuel- und Boykotthetze‹, 2. ›Boykottiert alle jüdischen Geschäfte‹, 3. ›Kauft nicht in jüdischen Warenhäusern‹, 4. ›Geht nicht zu jüdischen Rechtsanwälten‹, 5. ›Meidet jüdische Ärzte‹ und 6. ›Die Juden sind unser Unglück‹«.[36]

Die Brüder Arthur und Jacques Geller, die mit ihrem Vater Koppel Geller das Etagengeschäft am Johannisplatz 2 aufgebaut hatten, erlebten den Boykott hautnah. Von Karlsbad aus wandten sie sich als österreichische Staatsbürger einige Wochen später an die Gesandtschaft ihres Herkunftslandes in Berlin, um gegen die judenfeindlichen Maßnahmen und deren ruinöse Folgen für ihr Geschäft zu protestieren:

»Am 1. April 1933 wurde unser Geschäft ab 10 Uhr vormittags boykottiert, indem zwei vor der Eingangstür postierte SA-Leute jedem Kunden den Zutritt mit der üblichen Motivierung verwehrten und den Hauseingang mit entsprechenden Plakaten dekorierten. Demzufolge schlossen wir unser Geschäft, da ein Offenhalten zwecklos gewesen wäre. [...] Wir verließen [daraufhin] Deutschland, um nicht auch in Chemnitz zu den jüdischen Geschäftsleuten zu gehören, die von der SA unter dem Gejohle der Menge gezwungen wurden, öffentliche Mauern und Hauswände von Wahlaufschriften ‚befreien' zu müssen. Als Beweis: Die in Chemnitz offiziell und öffentlich verkauften Fotos, auf denen man die betreffenden jüdischen Kaufleute[37] genau erkennen kann. Auch verspürten wir keine Lust, völlig grund- und schuldlos in Schutzhaft [wie u. a. der Architekt Bruno Kalitzki[38]] genommen zu werden, was ebenfalls jüdischen Kaufleuten in Chemnitz passiert ist, die sich ebenso wenig politisch und öffentlich betätigt haben wie wir.«[39]

Ihr Protest blieb ohne Erfolg. Koppel Geller, ihr Vater, sah sich bereits Ende 1933 gezwungen, das Geschäft an einen Zuschneider in Chemnitz zu »verkaufen«.

»Arisierung« oder Liquidierung

Am 10. Dezember 1938 wurde im NS-Staat die »Ausschaltung der Juden aus dem deutschen Wirtschaftsleben« beschlossen.[40] Daraufhin übermittelte die Industrie- und Handelskammer Chemnitz fünf Tage später dem Kreishauptmann eine Übersicht über die noch nicht »arisierten« jüdischen Industrie- und Gewerbebetriebe des Bezirkes. Sie umfasste 228 Firmen. Die gleiche Akte enthielt ein »Verzeichnis der jüdischen Einzelhandelsgeschäfte in Chemnitz« mit 57 Namen. Im Handelsregister der Stadt Chemnitz waren im Herbst 1938 noch 158 jüdische Gewerbebetriebe erfasst.[41]

Abb. 10: Geschäftslokal des Crefelder Seidenhauses, Inhaber: Siegfried Friede, Ansichtskarte, Foto: Guido Seeber, Chemnitz, Sammlung Nitsche

Bis zum 12. November 1938 waren bereits die Einzelhandelsgeschäfte Modehaus Rüdenberg, Wiener Chic, Crefelder Seidenhaus[42] **(Abb. 10)** und das Kaufhaus Schocken »entjudet« worden.[43] Weitere elf Geschäfte ereilte dieses Schicksal bis April 1939. Bis zum gleichen Zeitpunkt waren 24 Einzelhandelsgeschäfte liquidiert worden oder befanden sich in Abwicklung. Die NS-Behörden forcierten anschließend diese Vorgänge und es dauerte nur noch wenige Monate, bis fast sämtliche jüdischen Gewerbebetriebe im Kammerbezirk Chemnitz entweder »arisiert« oder liquidiert worden waren. Am 4. November 1939 teilte der Hauptgeschäftsführer der IHK der

Schriftleitung der *Sächsischen Wirtschaft* in Dresden mit, dass mit Ausnahme der Firmen Meichsner Moda AG in Chemnitz und Diamantschwarz-Färberei Kunath & Mecklenburg in der benachbarten Strumpfstadt Oberlungwitz »die Entjudung der Wirtschaft im Bezirk der Industrie- und Handelskammer Chemnitz« im Wesentlichen als durchgeführt angesehen werden könne.[44]

Das über 70 Jahre anhaltende Engagement jüdischer Unternehmer in Chemnitz und Umgebung war weitgehend beendet. Teile ihrer oftmals beeindruckenden Industriearchitektur zeugen noch heute im Stadtbild davon. Neben namhaften Architekten aus Stadt und Land hatte sich hierbei der jüdische Architekt Bruno Kalitzki[45] mit seinen Mitarbeitern, zu denen u. a. Gustav Cohn, Karl Gerlach[46], Erich Hammer, Karl August Linden und Kunz Nierade aus Chemnitz gehörten, bleibende Verdienste erworben.

Anmerkungen

1 Jens Kassner: Chemnitz in den Goldenen Zwanzigern, Deutscher Werkbund Sachsen e.V., Verlag Heimatland Sachsen, Chemnitz 2000.

2 Dankwart Guratzsch, in: DIE WELT, Ausgabe 14/2004, Feuilleton.

3 Thomas Morgenstern: Chemnitz – eine traditionsreiche Industriestadt mit einem Stadtbild aus verschiedenen Epochen, in: Sächsische Heimatblätter, Heft 1/2002, Sächsische Druck- und Verlagshaus GmbH Dresden.

4 Jens Kassner: Fred Otto. Stadtbaurat in Chemnitz, in: Chemnitzer Lebensbilder, Band 2), Verlag Heimatland Sachsen, Chemnitz 2000.

5 Thomas Morgenstern und Gert Richter: Ferdinand Richard Möbius (1859–1945). Baumeister und Architekt, Stadtbaurat in Chemnitz, in: Chemnitzer Lebensbilder, Band 8, Verlag Heimatland Sachsen, Chemnitz 2011.

6 Der Beitrag fußt zum Teil auf meinem Artikel: Juden im Chemnitzer Wirtschaftsleben (1869–1939). Eine komplettierte Bestandsaufnahme, in: Das Herz von Chemnitz. 220 Jahre Industriekultur. Begleitband zur Sonderausstellung. Hrsg.: Oliver Brehm und Jürgen Kabus. Studien zur Erforschung, Dokumentation und Bewahrung von Quellen zur Industriekultur, Bd. 18, Halle (Saale) 2018, S. 58–73.

7 Hugo Fuchs: Geschichte der Juden in Chemnitz, in: Jüdisches Jahrbuch für Sachsen und Adreßbuch der Gemeindebehörden, Organisationen und Vereine 1931/32. Ausgabe Chemnitz. Berlin – Dresden 1931, S. 111–134 (siehe auch Reprint 2010).

8 C. W. Zöllner: Geschichte der Fabrik- und Handelsstadt Chemnitz von den ältesten Zeiten bis zur Gegenwart. Unveränderter Nachdruck der Auflage von 1888. Frankfurt (Main) 1876, S. 439 ff. – Vgl. auch Jürgen Nitsche, Juden im Wirtschaftsleben der Stadt Chemnitz. Ein Überblick, in: Jürgen Nitsche und Ruth Röcher (Hrsg.): Juden in Chemnitz. Die Geschichte der Gemeinde und ihrer Mitglieder. Dresden 2002, S. 72–89.

9 Vgl. Hugo Fuchs: Geschichte der Juden in Chemnitz, S. 114.

10 Karl Louis Unger in Berlin war es, der das erste jüdische Handelsgeschäft in der Innenstadt eröffnet hatte.

11 Julius Simon war ein Sohn von Salomon Simon.

12 Das Kleidermagazin von Julius Simon bestand offiziell bis 1936. Abraham Dresels Geschäft wurde 1888 von seinen Söhnen aufgegeben.

13 Vgl. Anm. 9.

14 Vgl. u. a. Chemnitzer Tageblatt und Anzeiger, Chemnitz, Nr. 385, 20. August 1911.

15 Stadtarchiv Chemnitz, Rat der Stadt bis 1928, III VIIa 567, vgl. auch Chemnitz in Wort und Bild. Festschrift zur Einweihung des Neuen Rathauses Chemnitz 1911 (Reprint 1991).

16 Ehrhard Hüttig betonte noch Mitte der 1920er Jahre, dass es wohl kaum Stoffe für die Innendekoration geben würde, die nicht auch in Chemnitz gefertigt wurden (vgl. Chemnitz als Wirtschafts- und Industriezentrum, in: Deutschlands Städtebau: Chemnitz. Hrsg. vom Rat der Stadt. 2. Aufl., Berlin-Halensee 1924, S. 60).

17 Emanuel Adler gründete 1899 eine Metallwarenhandlung, die bis 1932 bestand.

18 Anzeige der Firma. J. Aram, in: Schild. Berlin, Nr. 15/16, 25. April 1927.

19 Vgl. auch Deutschlands Städtebau: Chemnitz. A.a.O., S. 108.

20 Marschel Frank Sachs AG, in: Deutschlands Städtebau: Chemnitz. A.a.O., S. 90.

21 Eberhard Hüttig: Chemnitz als Wirtschafts- und Industriezentrum, in: Deutschlands Städtebau: Chemnitz. A.a.O., S. 6.

22 Unter anderem die Färberei Louis Hermsdorf.

23 Im Jahr 1922 wandelte Alfred Herzberg sein Unternehmen in eine Aktiengesellschaft um.

24 Später Freiherr Oscar von Kohorn zu Kornegg.

25 Vgl. Jürgen Nitsche: Fritz Loewenthals Axminster-Teppichfabrik. Eine Spurensuche in Frankenberg und Chemnitz, in: Museumskurier des Chemnitzer Industriemuseums und seines Fördervereins. Hrsg.: Förderverein Industriemuseum Chemnitz e. V., Heft 38, Chemnitz 2016.

26 Die Eröffnung der neuen Bibliothek der TU Chemnitz fand am 1. Oktober 2020 statt.

27 heute: Thomas-Mann-Platz.

28 Das Haus Gartenstraße 3 fiel 1969 der Neugestaltung der Innenstadt zum Opfer.

29 Ferdinand Scholvin hatte bis Mai 1906 in Berlin gelebt. Der Name dieser Unternehmerfamilie ist spätestens seit Stephan Hermlins Erzählung Kaßberg (1995), als dieser seinen alltäglichen Schulweg ins Staatsgymnasium beschrieben hatte, wieder »in aller Munde«. Er nahm darin Bezug auf seinen Schulfreund Hartmut Scholvin (1914–1980), der mit Eltern und den Schwestern Rut und Waltraut in der Villa Kaßbergstraße 4 wohnte. Vgl. Der Kaßberg. Ein Chemnitzer Lese- und Bilderbuch, Hrsg.: Tilo Richter, Leipzig 1996, S. 142.

30 Vgl. Karin Hönicke: »Tack« – Europas ältester Schuhgroßbetrieb. 110 Jahre Schuhindustrie in Burg. Oschersleben 2005.

31 Der Schuhwarenhändler Rudolf Sänger »erwarb« im November 1938 die Chemnitzer Filiale der Bottina GmbH. In der Nachkriegszeit (1948) wurde er als »Ariseur« in Rochlitz vorübergehend in Untersuchungshaft genommen. Seine Behauptung, er habe das Geschäft »rechtzeitig« in Berlin gekauft, konnte aber von den Chemnitzer Ermittlungsbehörden nicht widerlegt werden.

32 Stadtarchiv Chemnitz, Rat der Stadt 1928–1945, Nr. 310/6 (Hochbauamt – verschiedene Sachen, 1935/36).

33 Ingo Köhler: Soziale und wirtschaftliche Vernetzung als Erfolgsfaktor: Das Dresdner Privatbankhaus Gebr. Arnhold. S. 3. Online verfügbar unter: http://www.swa.leipzig.de/Beitrage/Koehler.htm.

34 Albert Bayers Schwester Anna war seit 1882 mit Georg Arnhold, dem Teilhaber des Dresdner Privatbankhauses »Gebr. Arnhold«, verheiratet.

35 Bankhaus Bayer & Heinze. In: Deutschlands Städtebau: Chemnitz. A.a.O., S. 102.

36 Vgl. u. a. Die Richtlinien für den Abwehrboykott, in: Mittweidaer Tageblatt, Nr. 77, 31. März 1933.

37 Gemeint war Benzion Moschi. Der Chemnitzer NSDAP-Gründer Willy Blume ließ sich damals mit dem jüdischen Kaufmann in triumphaler Pose ablichten.

38 Die SA verhaftete am 9. März 1933 bei einer Razzia im Café Seifert (Wiesenstraße 30), welches ein beliebter Treffpunkt ostjüdischer Kaufleute war, eine Reihe von Gästen, weil sich diese angeblich nicht ausweisen konnten, und hielt sie eine Zeit lang im Gerichtsgefängnis fest. Darunter war auch der über 70-jährige Kaufmann Leib Zeilinger, der am 11. März 1933 wieder freigelassen wurde.

39 Politisches Archiv des Auswärtigen Amtes, Interventionen, Nr. 09/10/2018 15.01.

40 Erhard Hartstock: Zum Umgang mit dem jüdischen Vermögen in Sachsen 1933–1952 (Teil 1), in: Historische Blätter. Aus Politik und Geschichte, Heft 4, Dresden 1994. S. 30–46.

41 Staatsarchiv Chemnitz, 30874 Industrie- und Handelskammer Chemnitz, Nrn. 697 und 698.

42 Siegfried Friede, seit 1910 Inhaber des Crefelder Seidenhauses, beging am 6. Dezember 1940 in Chemnitz Selbstmord, nachdem er erfahren hatte, dass seine Tochter Erna am 16. April 1940 in London ihrem Leben ein Ende gesetzt hatte. Erna Friede, seine Ehefrau, hatte sich bereits am 19. Dezember 1939 mit Schlafmitteln vergiftet.

43 Sächsisches Landesamt zur Regelung offener Vermögensfragen, Dresden. Aktennotiz, 29.4.1939.

44 Staatsarchiv Chemnitz, 30874 Industrie- und Handelskammer Chemnitz, Nr. 702.

45 Bruno Kalitzki war neben Paul Kranz, Professor an der Staatlichen Akademie für Technik, auch der Architekt, der in jener Zeit für die Israelitische Religionsgemeinde in Chemnitz tätig war. So hatte er u. a. den Umbau des Wohnhauses Hohe Straße 9 zum Israelitischen Gemeindehaus und des Geschäftshauses Äußere Klosterstraße 13 zum Zionistischen Heim im Jahr 1933 geplant.

46 Karl Gerlach war in der Folgezeit verantwortlicher Architekt für den Umbau des Geschäftshauses Zöllnerstraße 6 zum Sitz der Jüdischen Kultusvereinigung Chemnitz (1939) und die Errichtung des Jüdischen Gemeindehauses an der Stollberger Straße 28 (1961).

GEBRÜDER GOERITZ AKTIENGESELLSCHAFT

Beckerstraße 11–13

Baujahr(e): 1904/1905
Architekt: Wenzel Bürger, Chemnitz
Bauausführung: Paul Fiedler Nachfolger, Chemnitz
Sanierung und Umnutzung: 2012–2014
Architektin: Liane Remmler, Chemnitz
Foto: 2015 Büroland Chemnitz / Katja Thuss

Der imposante Fabrikbau der Gebrüder Goeritz am Chemnitzfluss

Thomas Morgenstern

Das markante Fabrikgebäude Beckerstraße 11–13 kann auf Grund seiner Gesamtkonzeption und Tragkonstruktion als ein Vorläufer der Moderne bezeichnet werden, wenn auch die Fassaden noch einige für die Erbauungszeit typische Gestaltungselemente des Historismus und Jugendstils aufweisen. **(Abb. 1)** Die jüdischen Unternehmer Gebrüder Max und Moritz Goeritz betrieben am Ende des 19. Jahrhunderts eine Möbelstoffweberei in einer großen Sheddach-Halle unmittelbar am Chemnitzfluss mit Wohnhaus und Kontorgebäude an der Beckerstraße 11. Der Weberei angegliedert war die ehemalige Schmiede mit Kesselhaus und Schornstein. Im Jahre 1904

Abb. 1: Blick auf die Fabrikbauten an der Chemnitz, Beckerstraße 11–15, 2014, Foto: Thomas Morgenstern

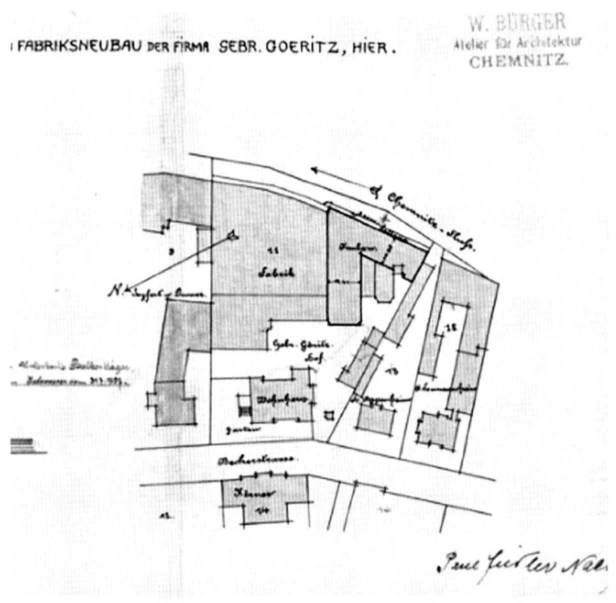

Abb. 2: Lageplan 1904, Ratsbauakte der Stadt Chemnitz

wurde ein Teil der Sheddach-Hallen abgebrochen und ein viergeschossiger winkelförmiger Fabrikbau unmittelbar an der Chemnitz errichtet. **(Abb. 2)** Das vorhandene Kesselhaus mit Schornstein und das Maschinenhaus blieben erhalten und wurden in den Neubau integriert. Der Chemnitzer Architekt Wenzel Bürger (1869–1946) erstellte die Pläne, die Bauausführung übernahm die Firma Paul Fiedler Nachfolger.[1] Wenzel Bürger hatte als Sieger einer Wettbewerbsausschreibung bereits 1897–1899 die jüdische Synagoge in Chemnitz in neoromanischen Formen erbaut. Die Fassaden des Fabrikgebäudes der Gebrüder Goeritz wurden in roter Verblendklinkerarchitektur ausgeführt und mit weißen und grünen Schmuckklinkern akzentuiert. Ein kombiniertes Sockel- und Erdgeschoss nahm die Höhe der angrenzenden Sheddach-Hallen auf. **(Abb. 3)** Die über beide Etagen reichenden Segmentbogenfenster brachten

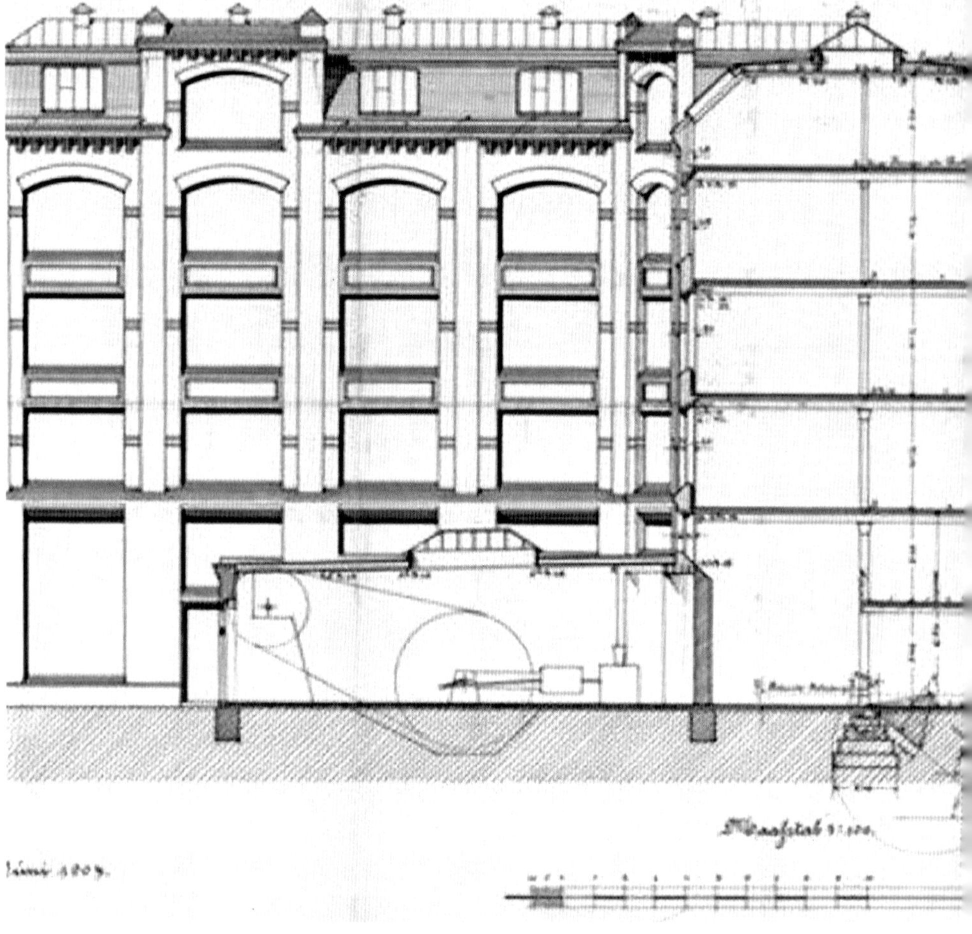

Abb. 3: Gebäudeschnitt 1904, Archiv der Denkmalschutzbehörde Chemnitz

viel Licht in die Fabrikräume und bildeten eine gelungene gestalterische Fassadengliederung. Durch einen über die gesamte Gebäudelänge auskragenden Balkonsteg über der Flussufermauer gelangte man vom Hauptgebäude in die Fabrikhallen. Den Eckbereich des viergeschossigen Baukörpers betont stadtwärts ein halbrundes turmartiges Gelenk mit ehemals spitzem Kegeldach. Das Innere der Fabrik prägen großräumige Webereisäle, die durch die weit-

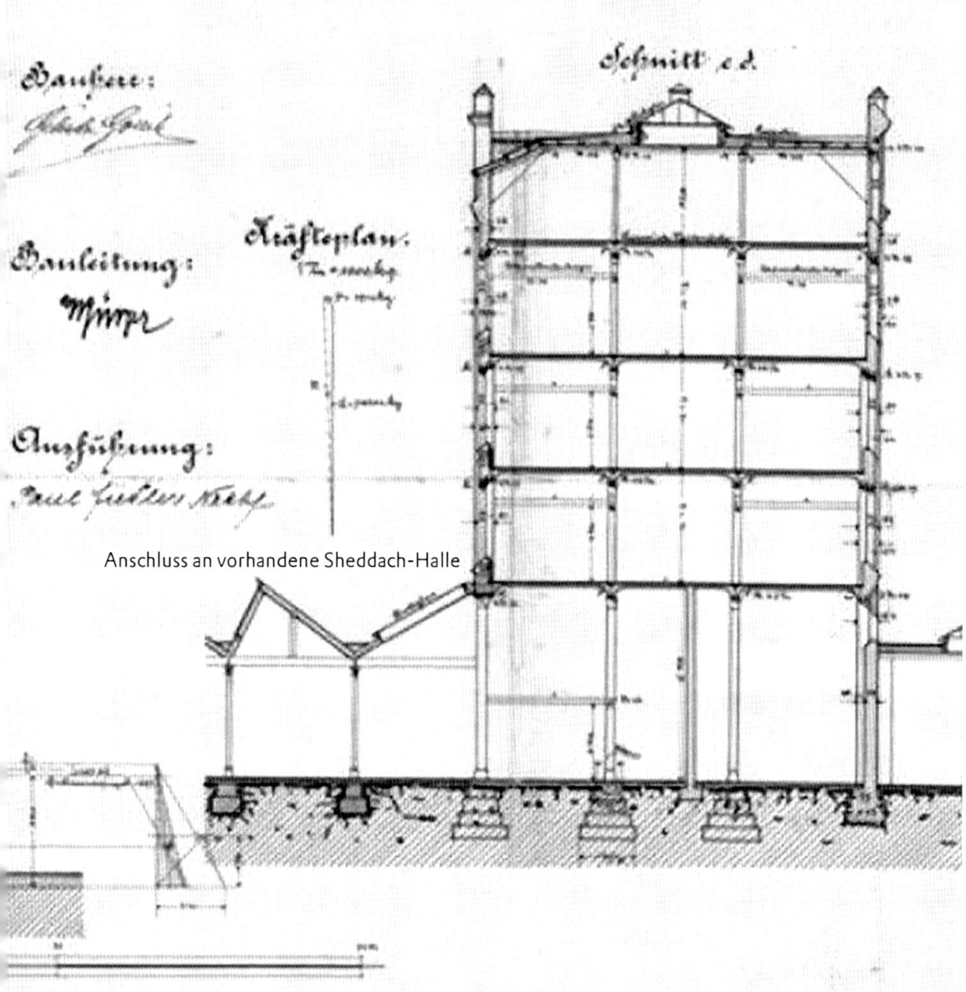

spannende Konstruktion aus Beton ummantelten Eisenstützen mit Vouten Stahlbetondecken geschaffen wurden. Zusätzlich zu den beiden vorhandenen großen Treppenhäusern an den Giebelseiten befindet sich eine passgenaue Wendeltreppe aus Gusseisen im Bereich des Eckturms. Im Zweiten Weltkrieg wurde ein Großteil der Sheddach-Hallen zerstört. Erhalten blieb der viergeschossige Fabrikbau, dessen beschädigtes Dach in vereinfachter Form ersetzt wurde. Die ursprünglich über dem Traufgesims vorhandenen Dachaufbauten und Bekrönungen, die maßgebend für die gestalterische Gesamtwirkung der Fabrik waren, sind damit verloren gegangen.[2]

Der Geschäftsführer des nach 1990 auf dem Grundstück ansässigen Unternehmens »Büroland«, Uwe Thuß, bemühte sich viele Jahre um Interessenten für ein Wohnprojekt in der Fabrik. Erst ab 2011 gelang es mit entscheidender Beteiligung der Volksbank Chemnitz eG, das Industriedenkmal zu revitalisieren. **(Abb. 4)** Die aufwändige Sanierungs- und Umbauplanung erstellte die Chemnitzer Architektin Liane Remmler (1964–2018) in enger Zusammenarbeit mit dem Bauherrn und den Denkmalbehörden. Mit der Bauüberwachung wurde das Chemnitzer Ingenieurbüro Horak beauftragt. Fehlende Elemente im Dachbereich sowie der Fahrstuhl- und Treppenturm wurden in sachlich-funktioneller Gestaltung ergänzend angefügt. Die Baugenehmigung wurde im Dezember 2012 erteilt. Das überraschende Juni-Hochwasser 2013 schädigte die im Umbau befindliche Fabrik am Fluss und verursachte höhere Baukosten. Im Jahr 2014 ist »Büroland« mit dem interessanten Geschäftskonzept »Business Village Chemnitz« in die unteren Geschosse gezogen. »Unsere Geschäfts- und Konferenzräume basieren auf dem Prinzip der Sharing Economy«, erläutert Inhaber Uwe Thuß. Unternehmer, Selbstständige und Existenzgründer können sich ebenso wie Geschäftsreisende oder Studenten flexibel einmieten und hier auch ihre Kunden oder Partner empfangen. Dafür sorgen eine integrierte Cafeteria mit W-LAN, Büros mit moderner Infrastruktur oder lockere Sitzgruppen, die vertrauliche Gespräche ermöglichen. Die Vermietungen können stunden- oder tageweise oder für Wochen oder Monate erfolgen, je nach Bedarf. Auch für Events und Tagungen bietet das historische Backsteingebäude einen interessanten Rahmen. **(Abb. 5)** Die oberen Etagen nutzt die Volksbank, im letzten Obergeschoss und dem neuen Dachaufbau sind großzügige Fabrikwohnungen (Lofts) eingebaut worden.

Abb. 4: Sanierungsphase mit freigelegtem Stahltragwerk 2013, Foto: Liane Remmler

Abb. 5: Business Village, Sitztreppe 2020, Foto: Thomas Morgenstern

Die Gebrüder Goeritz AG
oder Wie aus einer Möbelstoffweberei ein »Business Village« wurde

Jürgen Nitsche

Bereits Ende 1869 gründeten die Brüder Michael Max und Moritz Goeritz ein Möbelstoffgeschäft, das sie im Januar 1870 im Handelsregister des Amtsgerichts Chemnitz eintragen ließen. Das Unternehmen, das die Brüder in der Folgezeit zu einer bedeutenden Möbelstoffweberei umgestalteten, war eine der ältesten Firmengründungen jüdischer Kaufleute in Chemnitz.

Das Möbelstoffgeschäft, das zunächst seinen Sitz im Haus Zschopauer Straße 4 hatte, wurde in den Folgejahren zu einem Manufakturwarengeschäft ausgebaut. Die Verkaufsräume wanderten von der Theaterstraße 12 in die Leipziger Straße 17. Die Brüder, die damals »im besten Mannesalter« waren, fassten alsbald den Entschluss, sich in der aufstrebenden Industriestadt als Fabrikanten zu etablieren. So beschlossen sie, ihr Handelsgeschäft in eine Mechanische Weberei **(Abb. 1)** umzuwandeln. Das Kontor

GEBRÜDER GOERITZ
Mechanische Weberei für Möbelstoffe
Gegründet 1869.

Abb. 1: Firmenbriefkopf, um 1920, Sammlung Nitsche

Abb. 2: Ein Blick auf die Fabrikgebäude, Firmenalbum 1930, Sammlung Nitsche

befand sich zunächst im Haus Hartmannstraße 17, bevor es kurzzeitig in das neu erbaute Geschäftshaus Hedwigstraße 10 verlegt wurde.

Im April 1885 fanden die Brüder Goeritz endlich am Ufer des Chemnitzflusses einen geeigneten Standort für ihre Weberei. Die Brüder erwarben das Wohn- und Fabrikgrundstück Beckerstraße 11, in dem sie auch mit ihren Familien wohnten. **(Abb. 2)** Hier konnten sie in der Folgezeit ein modernes Unternehmen aufbauen, in dem vor allem Möbelstoffe, Ripse, Damaste, Plüsche und Divandecken hergestellt wurden, die auch im Ausland (bis nach Mexiko, Kolumbien und Australien) guten Absatz fanden.

Nachdem im Februar 1900 Moritz Goeritz in Würzburg gestorben war, nahm sein Schwiegersohn Fritz Loewenthal (1870–1933) vorübergehend den vakanten Platz im Unternehmen ein. Im April 1904 holte Max Goeritz seinen 26-jährigen Sohn Horst in die Firma.

Abb. 3: Die Eheleute Anna und Horst Goeritz, um 1915, Privatbesitz

Im Januar 1917 starb der Seniorchef und wurde, wie auch schon sein um zwei Jahre jüngerer Bruder Moritz, in einer Familiengrabstätte auf dem Jüdischen Friedhof im Ortsteil Altendorf beigesetzt.

Von da an war Horst Goeritz Alleininhaber der Gebrüder Goeritz OHG. In überlieferten Bankunterlagen im Staatsarchiv Chemnitz wurde er als »hochachtbarer, tüchtiger, solider Geschäftsmann, der sich besten Rufes und Charakters erfreut«[3], bezeichnet. Seit Juni 1903 war er mit der aus Bonn stammenden Anna Süßkind verheiratet. **(Abb. 3)** Die Eheleute hatten drei Töchter.

Horst Goeritz bereitete nach dem Ende der Hyperinflation in Deutschland im November 1923 die Umwandlung der Offenen Handelsgesellschaft in eine Aktiengesellschaft vor. Der weitblickende Geschäftsmann erkrankte jedoch in dieser Zeit. Die Gründung der Gebrüder Goeritz AG im November 1925 erlebte er nicht mehr, wenige Wochen zuvor war er im Alter von lediglich 47 Jahren verstorben. Im Nachruf des Beamten- und Arbeiterpersonals der Firma Gebrüder Goeritz wurde Horst Goeritz als »ein leuchtendes Vorbild« gewürdigt.

Dem Aufsichtsrat der neu gegründeten AG gehörten neben der Witwe Anna Goeritz noch die nahen Verwandten Erich Goeritz (Berlin) und Egon Mayer (Bielefeld) an. Ihr Schwiegersohn Ernst Gerhard Frank (1892–1972) wurde Vorstandsvorsitzender. Er wurde »als tüchtiger und gewandter Geschäftsmann« beschrieben. Der Fabrikant und Handelsrichter Erich Goeritz, dessen Name in erster Linie mit der Sigmund Goeritz AG in Verbindung gebracht wird, übernahm im Juni 1928 auch den Vorsitz des Aufsichtsrates der Gebrüder Goeritz AG. Der Rechtsanwalt Heinrich Kassel (ebenfalls Berlin) war sein Stellvertreter.

Angesichts der verstärkten Expansion des Unternehmens, in dem Ende der 1920er Jahre 350 Arbeiter und Angestellte beschäftigt waren, erwarb dieses das benachbarte Hausgrundstück (Beckerstraße 13), auf dem einst Hugo Max Oppenheim (1861–1921) ein Fabrikgebäude errichten ließ. Damit waren die Unternehmer in der Lage, in zwei benachbarten Fabrikgebäuden besonders hochwertige Moketts, Dekorationsstoffe, Gobelindecken, Leinenfriese so-

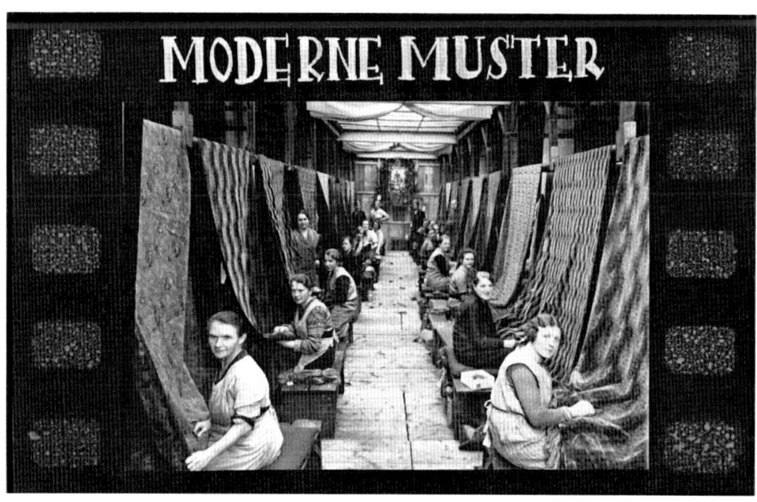

Abb. 4: Moderne Stoffmuster , Firmenalbum 1930, Sammlung Nitsche

Abb. 5: Moderne Maschinen, Firmenalbum 1930, Sammlung Nitsche

wie bunte und einfarbige Möbelstoffe herzustellen. **(Abb. 4)** Den »fachgeschulten Arbeitern« standen damals 150 Webstühle zur Verfügung. **(Abb. 5)**

Trotz »Judenboykott« entwickelte sich das Unternehmen auch nach der nationalsozialistischen Machteroberung 1933/34 »auf gesunder Grundlage«, wie der Betriebsdirektor und langjähriger Prokurist Richard Löbel, ein Vertrauter der Familie Goeritz, es formuliert hatte. Ihre Umsätze bewegten sich sogar in aufsteigender Linie, obwohl die Zahl der Beschäftigten in jener Zeit auf 220 zurückgegangen war. **(Abb. 6)**

Im November 1937 geriet auch die Gebrüder Goeritz AG ins Visier der »Arisierungsbehörden« der Industrie- und Handelskammer. Die Firma Zacher & Hupfer, eine 1890 in Leubnitz-Werdau gegründete Vigogne-Spinnerei und Färberei, zeigte im Mai 1938 Interesse an der Übernahme des Chemnitzer Unternehmens. Noch im selben Monat zerschlugen sich jedoch deren Pläne, da das Objekt »etwas zu groß« und nicht schuldenfrei wäre. Dabei hätte Gerhard Frank, der zuletzt kaufmännischer Leiter war, bereits damals – laut boshafter, ja fast schon hasserfüllter Aussage eines Kaufmanns aus Hohen-

Abb. 6: Fachgeschultes Personal, Firmenalbum 1930, Sammlung Nitsche

stein-Ernstthal – »seine Desinteressiertheit« an der weiteren Entwicklung des Unternehmens gezeigt, zumal er »als Verwandter der Inhaberin dort ohne jede Fachkenntnisse eingesetzt worden und [...] niemals Freude an der ihm übertragenen Aufgabe gefunden«[4] hätte.

Richard Löbel, der an der angestrebten »Arisierung« festhielt, war dennoch im August 1938 voller Zuversicht. Und tatsächlich! Nach längeren Verhandlungen sollte es ihm wenig später gelingen, die Aktien, die im Alleinbesitz von Anna Goeritz waren, zu einem »sehr günstigen Preis« zu erwerben. Dies war aber nur durchführbar, weil die Dresdner Bank ihm ein günstiges Darlehen zur Verfügung gestellt hatte. Mit dem Verkauf war auch die Zusage der Witwe verbunden, dass ihr Schwiegersohn aus dem Vorstand ausscheiden und keinerlei Ansprüche gegenüber der Gesellschaft stellen würde. Die Chemnitzer *Allgemeine Zeitung* zeigte am 19. Januar 1939 an, dass Gerhard Frank dem Vorstand nicht mehr angehören würde. Im Frühjahr 1939 konnte er mit seinen Söhnen Günther Konrad[5] und Horst Heinz nach Holland auswandern.

Im Dezember 1938 hatte Löbel von der Industrie- und Handelskammer die »behördliche Genehmigung zur Arisierung« erhalten. Aus den Unterlagen geht hervor, dass der später skandalumwitterte Jurist Dr. Walter Linse (1903–1953)[6], der wenige Wochen zuvor die »Bearbeitung von Entjudungsvorgängen« übernommen hatte, als Sachbearbeiter dafür zuständig war.[7]

Als neuer Inhaber änderte Löbel den Firmennamen in GÖMAG Möbelstoff- und Mokett-Weberei AG. Die Zahl der Beschäftigten nahm in den Kriegsjahren weiter ab, die Verluste hingegen zu. Im Sommer 1944 wurde auf dem Gelände der GÖMAG ein Lager für 250 volksdeutsche Rückwanderer errichtet, die für die Auto Union A-G. tätig waren. Das Haus Beckerstraße 11 wurde bei den Luftangriffen auf die Stadt Chemnitz im Frühjahr 1945 teilweise zerstört. Als Firma bestand die GÖMAG noch bis Juni 1957.

Anmerkungen

1 Ratsbauakte der Stadt Chemnitz.

2 Bettina Schülke, aus Objektakte der Denkmalschutzbehörde Chemnitz.

3 Staatsarchiv Chemnitz, 31174 Zacher & Hupfer OHG, Leubnitz, N. 69.

4 Ebd.

5 Conrad Frank (1925–2007) unterstützte den Verfasser, indem er ihm wertvolles Fotomaterial, u. a. das wunderbare Firmenalbum, und Dokumente zur Verfügung stellte.

6 Vgl. u. a. Benno Kirsch: Walter Linse. 1903–1953–1996, Dresden 2007.

7 Staatsarchiv Chemnitz, 30874 Industrie- und Handelskammer Chemnitz, Nr. 701.

GEBRÜDER SUSSMANN AKTIENGESELLSCHAFT

Altchemnitzer Straße 40

Baujahr(e): 1923/1924
Architekten: Naumann & Kalitzki, Chemnitz
Foto: Pressefoto Wolfgang Schmidt, Chemnitz, 2020

Das Verwaltungsgebäude der Gebrüder Sussmann AG

Thomas Morgenstern

Ein repräsentativer, leicht konvexer Bau der Moderne steht als Solitär etwas zurückgesetzt an der Altchemnitzer Straße 40 im Stadtteil Altchemnitz. Zurzeit steht dieses große Gebäude leer und bietet einen verwahrlosten Eindruck, Schäden durch Vandalismus sind offensichtlich. **(Abb. 1)** Es handelt sich hierbei um das ursprüngliche Verwaltungsgebäude der Textilfirma Gebrüder Sussmann AG. Auf dem etwa 5.500 Quadratmeter großen Grundstück an der Altchemnitzer Straße war seit 1895 der Kunst- und Handelsgärtnereibetrieb Döring ansässig. 1922 erwarben die Gebrüder Sussmann das Grund-

Abb. 1: Straßenansicht 2017, Foto: Thomas Morgenstern

Abb.2: Rückfassade 2020, Pressefoto Wolfgang Schmidt, Chemnitz

stück und beauftragten das Chemnitzer Architekturbüro Naumann & Kalitzki mit der Planung. 1923 wurde der Bauantrag eingereicht und der Bau noch im selben Jahr begonnen.

Die Chemnitzer Architekten Walter Naumann (1888–1953) und Bruno Kalitzki (1890–1953) betrieben von 1919 bis 1926 gemeinsam ein Architekturbüro in der Stadt. Der Entwurf für das Sussmann-Gebäude ist für die Entstehungszeit schon sehr sachlich, wenn auch noch expressionistisch beeinflusst. Ein fünfgeschossiger, langgestreckter Baukörper mit Flachdach folgt mit leicht konvexer Fassade dem Straßenverlauf, wenn auch durch einen kleinen vorgelagerten Grünbereich etwas hinter die Straßenbauflucht verlagert. Das fünfte Geschoss springt zurück und bildet eine Art Mezzaningeschoss. Dunklere Gesimsbänder gliedern die sachliche helle Putzfassade horizontal, großformatige fein gesprosste Fenster in gleichen Formaten sind symmetrisch in den vier Hauptgeschossen geordnet. Der Haupteingang liegt genau mittig und wird durch eine Natursteinverkleidung flächig gefasst. Durch die abgerundeten Gebäudekanten und am Treppenhaus auf der Hofseite klingt das Neue Bauen bereits an. **(Abb. 2)** Im Innenraum trägt eine enger stehende doppelte Stützenreihe die Eisenbeton-Rahmenkonstruktion, dazwischen liegen die Erschließungsflure. Büroräume ließen sich somit durch nichttragende Trennwände flexibel anordnen. Das Haupttreppenhaus hinter der Vorderfassade besaß ein gut gestaltetes Holzgeländer (heute leider zerstört), im Treppenauge des hofseitigen Treppenraumes war ein Personenaufzug integriert.

Auf Grund der zunehmenden Repressalien in der NS-Zeit sanken die Umsätze der Firma, Personal musste entlassen werden und das große Verwaltungsgebäude stand größtenteils leer. So stellte die Gebrüder Sussmann AG einen Bauantrag zum Umbau des Verwaltungsgebäudes für Wohnzwecke, welcher im Juni 1935 genehmigt wurde. Die Pläne für den Einbau von 32 Wohnungen – jeweils acht Wohneinheiten pro Hauptetage – erstellte der Chemnitzer Architekt Heinrich Reuße. Dafür sollte an jeder Giebelseite ein weiteres Treppenhaus angebaut werden. Am 5. Juni 1936 vermerkte die Baupolizei in ihren Akten, dass die genehmigte Baumaßnahme nicht zur Ausführung kam und die erteilte Baugenehmigung gegenstandslos wird.[1] Nachdem Zwangsverkauf des Verwaltungsgebäudes an die »Fachgruppe Textilmaschinen der Wirtschaftsgruppe Maschinenbau Chemnitz« verfasste der Chemnitzer Architekt Eugen Webers Pläne zum inneren Umbau des Gebäudes für die neuen Eigentümer. Diese wurden am 14. Oktober 1938 genehmigt. Ab 1939 verlagerte die Fachgruppe ihren Sitz von der Oberen Aktienstraße 2 in die Altchemnitzer Straße 40. Am Fassadenbild wurde nichts verändert, auch nicht in den Treppenhäusern. Im Keller entstanden zwei Luftschutzräume und eine Sanitätsstelle.[2]

Abb.3: Hauptansicht um 1960, Archiv Denkmalschutzbehörde Chemnitz

Bei der Bombardierung der Chemnitzer Innenstadt im März 1945 wurde das Gebäude nicht beschädigt und diente im Erdgeschossbereich bereits Ende 1945 als Sitz des neuen Chemnitzer Landrates. Die Pläne für den erneuten inneren Umbau erstellte der Architekt Karl Gerlach (1890–1970). Interessanterweise gab es hier anfangs eine Benzin- und Reifenvergabestelle.[3] Das Landratsamt vergrößerte sich und zog später in den Gerson-Bau Glockenstraße 1. Die SED-eigene Gesellschaft »Fundament« übernahm dann das Gebäude und ab 1953 nutzte es der Bezirkswirtschaftsrat. **(Abb. 3)**

Mitte der 1990er Jahre erfolgte der Verkauf durch die Treuhandanstalt. Der erste neue Eigentümer nutzte das Gebäude noch für eigene Büros und Vermietungen, geriet aber wirtschaftlich in Schieflage und verkaufte weiter. Der zweite Eigentümer aus Bayern ließ das Gebäude über Jahre leer stehen. Die Folge: Verfall, Einbrüche, Vandalismus. Nach seinem Tod verkaufte es die Erbin an einen Architekten aus Westdeutschland. Dieser beabsichtigt, ein Wohnprojekt zu realisieren. Dem steht gegenwärtig noch die planungsrechtliche Einstufung des Altchemnitzer Areals als »Gewerbegebiet« entgegen, wo keine Wohnnutzung zulässig ist. Ein laufendes Verfahren zur Änderung des Bebauungsplanes soll ein »Urbanes Gebiet« festlegen, um auch Wohnnutzungen zu ermöglichen. Ein Abbruch scheidet aus, denn das Gebäude Altchemnitzer Straße 40 wurde bereits 1980 in die Denkmalliste der Stadt eingetragen.

Die Gebrüder Sussmann AG in Altchemnitz oder Das Schicksal zweier Unternehmerbrüder im Nationalsozialismus

Jürgen Nitsche

Das ehemals repräsentative Fabrikgebäude an der Altchemnitzer Straße 40 war einst Sitz der Strumpffabriken der Gebrüder Sussmann. **(Abb. 1)** Viele Chemnitzer Bürger benutzen diese Straße, um auf die Annaberger Straße oder zum Südbahnhof zu gelangen. Sie fahren an dem 1923 errichteten Gebäude vorbei, ohne es wahrzunehmen.

Doch zurück zu den Anfängen der Strumpffabrik: Bereits im Oktober 1883 hatten die Brüder Adolf und Hermann Sussmann in Köln ein Strumpfwarengeschäft gegründet. Im Dezember 1888 verlegte Adolf Sussmann das Geschäft in die Chemnitzer Hartmannstraße 2 (ab 1891 Wiesenstraße 56) und wandelte dieses in den Folgejahren zu einer im nationalen Maßstab bekannten Strumpffabrik um. Eine Zeit lang wurden auch Handschuhe angefertigt. Ihren Fertigungsstandort hatte die Firma später in der Bernsdorfer Straße 42 und das Kontor befand sich in der Poststraße 28.

Besonderen Erfolg hatte das noch junge Unternehmen mit Strümpfen, Schweißblättern und Trikotagen, die laut eigener Werbung »unempfänglich für Schweißgeruch« wären. Für diese Erzeugnisse meldeten die Brüder im Januar 1894 im Chemnitzer Warenzeichenregister mit SANITAS eine eigene Schutzmarke an. Bis in die späten 1920er Jahre wurden die in dem florierenden Unternehmen hergestellten Sanitas-Socken als »das Beste für empfindliche Füße« angepriesen.

Abb. 1: Fabrikgebäude, um 1925, Privatbesitz

Seit Juni 1880 war Adolf Sussmann mit Mathilde Hellmuth, die aus Fürth (Mittelfranken) stammte, verheiratet. Mit ihr hatte er vier Söhne und eine Tochter. Die Familie wohnte seit etwa 1900 auf dem Kaßberg.

Hermann Sussmann schied im Mai 1895 aus dem Unternehmen aus. Im August 1908 übergab Adolf Sussmann die Firmenleitung an seine Söhne Hugo und Arthur. Diesen hatte er bereits im Mai 1900 bzw. Februar 1908 die Prokura übertragen. Der Firmensitz befand sich mittlerweile im Hintergebäude des Hauses Friedrichstraße 22.

Der bisherige Seniorchef übernahm die Alleinvertretung für Sachsen der Rheinischen Maschinenleder- und Riemenfabrik

A. Cahen-Leudesdorff & Co. in Mühlheim an der Ruhr. Außerdem eröffnete er ein Kontor für Grundstücks- und Hypothekenvermittlung. Adolf Sussmann setzte sich in dieser Zeit auch für die weitere erfolgreiche Entwicklung der Israelitischen Religionsgemeinde in Chemnitz ein. Seit 1909 gehörte er ihrer Repräsentanz an. Im Alter von 64 Jahren verstarb er am 8. Januar 1911 in Berka an der Ilm (Thüringen).

Bevor Hugo und Arthur Sussmann einen geeigneten Baugrund in Altchemnitz fanden, expandierten sie im Chemnitzer Umland. So erwarben sie im Jahr 1921 eine in Konkurs gegangene Fabrik in Meinersdorf (Erzgebirge). In dem Zweigwerk konnten sie feine Strumpf- und Wirkwaren aller Art in noch größerem Umfange produzieren. Darüber hinaus hatten sie sogar ein Filialgeschäft in Mailand. Der Kaufmann Ernst Max Kramer (1887–?) war weiterhin Prokurist. Kurzzeitig hatte auch Siegbert Fechenbach (1892–1967), später Vorsitzender der wieder gegründeten Jüdischen Gemeinde in

GEBR. SUSSMANN A.-G.
STRUMPFFABRIKEN
CHEMNITZ

Manufacture de Bas et Chaussettes — articles fins
Fabbrica di Calzetteria Fina

Abb. 2: Firmenbriefkopf, um 1925, Privatbesitz

Chemnitz, im Jahr 1918 die Prokura inne. Der Kaufmann Edwin Stein (1886–1942) wurde im Januar 1922 zweiter Prokurist.

Am 10. Juli 1922 wandelten Hugo und Arthur Sussmann die bisherige Offene Handelsgesellschaft in eine Aktiengesellschaft in Familienbesitz mit einem anfänglichen Stammkapital von zwei Millionen Mark um. **(Abb. 2)** Die Brüder erwarben jeweils die Hälfte der Aktien und bildeten den Vorstand der nunmehrigen Gebr. Sussmann AG. **(Abb. 3, Abb. 4)** Das Aktienkapital wurde 1924 auf 500.000 Mark und 1932 auf 400.000 Mark verringert. Ende der 1920er Jahre waren in dem Unternehmen etwa 500 Angestellte und Arbeiter beschäftigt. Hinzu kam noch Heimarbeit von Strumpfwirkern in Burkhardtsdorf, Meinersdorf und Thalheim. So wurden neben den edlen Gebsy-Strümpfen die eleganten Tramina-Seidenstrümpfe »in allen Farben der Weltmode« hergestellt, wie es in einer Reklameanzeige aus den 1920er Jahren hieß. **(Abb. 5)**

Die wirtschaftlichen Erfolge waren die Grundlage für einen beachtlichen Wohlstand, in dem die Brüder mit ihren Familien bis in die frühen 1930er Jahre leben konnten.

Arthur Sussmann kaufte 1922 die ehemalige Villa Tetzner (Beyerstraße 32), die er mit Ehefrau Elfriede[4] und Tochter Wera[5] bezog. Der erfolgreiche Unternehmer gehörte zu den Chemnitzer Juden, die rege am gesellschaftlichen Leben der Stadt teilnahmen. So war er Vorstandsmitglied der Ortsgruppe des *Centralvereins deutscher Staatsbürger jüdischen Glaubens* (CV) und wurde im Februar 1928 in dessen Hauptvorstand gewählt. Rabbiner Dr. Hugo Fuchs bezeichnete ihn als einen »der aktivsten Männer im örtlichen und Reichs-CV«. Außerdem war er Obmann des *Vereins zur Abwehr des Antisemitismus*. Arthur Sussmann trat auch als Publizist und Politiker in Erscheinung. Im Verlauf der Novemberrevolution 1918/19 warnte er die Bevölkerung vor dem »Sozialisierungsexperiment« führender

Abb. 3: Aktie, Ausgabe: 10. Juli 1922, Industriemuseum Chemnitz und
Abb. 4: Notgeld, Ausgabe: 20. August 1923, Sammlung Nitsche

Abb. 5: Reklameanzeige, 1926, Sammlung Nitsche

Sozialdemokraten und nahm Stellung zum Thema »Demokratie und Judenfrage«. In den 1920er Jahren stellte ihn die Deutsche Demokratische Fraktion, ein Bündnis dreier bürgerlicher Parteien, mehrfach erfolglos als Kandidat bei den Wahlen der unbesoldeten Stadträte auf. Er war auch ein angesehenes Mitglied des Vereins

Kunsthütte Chemnitz. Überliefert ist, dass er zu den Förderern des deutsch-böhmischen Malers Otto Th. W. Stein (1877–1958) gehörte.

Abb. 6: Hugo Sussmann, Porträt, 1939, Privatbesitz

Hugo Sussmann **(Abb. 6)** erwarb Ende der 1920er Jahre die Villa Leipziger Straße 16[6] in Siegmar (heute Kopernikusstraße), in der er fortan mit Ehefrau Gertrud[7] und den Söhnen Rolf und Julius lebte. Als erfolgreicher Fabrikant äußerte er sich auch in den Zeitschriften der großen Industrieverbände. So veröffentlichte er im Oktober 1930 einen Aufsatz in der *Strick- und Wirkzeitschrift*, dem Verbandsorgan des *Vereins Deutscher Fabrikanten von Phantasie-Wirkwaren* mit Sitz in Apolda (Thüringen), der unter dem Titel »Ein zeitgemäßes Verkaufsgespräch« stand. Im Juli 1928 konnte er sogar in den USA ein Patent anmelden. Auch er engagierte sich innerhalb der Chemnitzer Judenschaft. So wurde Hugo Sussmann in dieser Zeit zum zweiten Vorsitzenden der 1920 gegründeten Ortsgruppe des *Reichsbundes jüdischer Frontsoldaten* gewählt. Außerdem gehörte er um 1930 dem dreiköpfigen Vorstand der Ortsgruppe des Jüdischen Sportklubs *Schild* an.

Mit der nationalsozialistischen Machtübertragung im Jahr 1933 setzte auch die Verschlechterung der wirtschaftlichen Lage der

Familie Sussmann ein. Bereits im März 1933 verlegte Arthur Sussmann seinen Wohnsitz nach Frankreich, wo er später in der Stadt Grasse (Provence) lebte. Dort bewirtschaftete er eine Obstplantage. Obwohl er sich völlig aus der Leitung der Strumpffabrik in Chemnitz zurückgezogen hatte, behielt er weiterhin die Hälfte der Aktien. Im Juni 1941 emigrierte Arthur Sussmann in die USA, wo seine Tochter Wera und ihr um 15 Jahre älterer Ehemann Oskar Klipstein bereits seit Ende Oktober 1938 lebten. Am 26. Juni 1952 starb er in St. Petersburg (Florida).

Hugo Sussmann war seit Frühjahr 1933 alleiniger Vorstand der Gebr. Sussmann AG oder »Betriebsführer«, wie es aufgrund des Gesetzes zur Ordnung der nationalen Arbeit vom 20. Januar 1934 hieß. Der ehemalige Reichsinnenminister Dr. Wilhelm Külz (1875–1948) wurde neuer Aufsichtsratsvorsitzender. Die erforderlichen Garne wurden weiterhin aus Belgien und gelegentlich aus Italien bezogen. Die erzeugten Strumpfwaren wurden nach Schweden, Norwegen, Dänemark, Finnland, Italien, Frankreich, Holland, England und in die Schweiz ausgeführt. Der Gesamtumsatz war seit 1931 gleichbleibend. Die Anzahl der Beschäftigten war auf 57 gesunken, von denen vier in Heimarbeit tätig waren.

Angesichts der »undurchsichtigen Aussichten« der Firma, die zwar ab dem Jahr 1937 einen gewissen Aufschwung erlebte, wurde aufgrund deren jüdischen Charakters, wie sich der spätere Vorstand Willy Döhnel im Frühjahr 1940 ausdrückte, im Sommer 1938 mit ihrer »stillen Liquidation« begonnen. Zunächst stand der Verkauf des Chemnitzer Fabrikgrundstücks an die Kartellgesellschaft der deutschen Textilmaschinenindustrie in Chemnitz an.

Aufgrund des »Verdachtes der Kapitalverschiebung« veranlasste der zuständige Oberfinanzpräsident am 10. Oktober 1938 Ermittlungen gegen die Firmeninhaber, die zeitnah von zwei Devisenprüfern vorgenommen wurden. In deren Ergebnis kamen diese zu der Auffassung, dass Hugo Sussmann die Flucht ins Ausland vorbereitete, da er einen Teil seines inländischen Vermögens durch Warenlieferungen nach Schweden und in die Schweiz verbringen würde. Daher leitete die Devisenstelle geeignete Sicherungsmaßnahmen gegen ihn ein.

Durch Beschluss der Hauptversammlung vom 15. Oktober 1938 wurde nicht nur das Grundkapital auf 350.000 Mark verringert, sondern auch Hugo Sussmann als Vorstand abberufen. Der bisherige Prokurist Willy Döhnel wurde am 10. Dezember 1938 zum vertretungsberechtigten Vorstand bestellt. Justizrat Dr. Reinhold Regler wurde vom Regierungspräsidenten als Treuhänder für die Gebr. Sussmann AG in Abwicklung eingesetzt. Durch Beschluss der Hauptversammlung vom 5. Juli 1940 wurde die Gesellschaft aufgelöst.

Hugo Sussmann, der aufgrund der nichtjüdischen Herkunft seiner Ehefrau in Deutschland bleiben wollte, wurde zur Zwangsarbeit in dem Betrieb des Gartenbautechnikers Fritz Todt verpflichtet. Die Villa musste er im Juli 1943 seiner Ehefrau übereignen, die diese gemäß einer ihr im November 1941 ausgestellten Generalvollmacht verwaltete. Hugo Sussmann wurde in der Folgezeit verhaftet. Mitarbeiter der Auto-Union A-G. hatten ihn angezeigt, als er angeblich gegen die für Juden geltende Bestimmungen hinsichtlich der Benutzung von Verkehrsmitteln verstoßen hatte. Der ehemalige Fabrikbesitzer wurde daraufhin in das Vernichtungslager Auschwitz deportiert und dort am 12. August 1944 ermordet. Zwei Stolpersteine erinnern seit November 2012 in Schönau an Hugo Sussmann und seinen Sohn Julius, der sich am 12. August 1940 im holländischen Exil das Leben genommen hatte.[8]

Anmerkungen

1 Ratsbauakten der Stadt Chemnitz / Bauaktenarchiv.

2 Objektakte der Denkmalschutzbehörde Chemnitz.

3 Ratsbauakten der Stadt Chemnitz / Bauaktenarchiv.

4 Elfriede Sussmann starb infolge einer schweren Erkrankung bereits am 6. April 1927 in Chemnitz.

5 Wera Sussmann besuchte vom April 1930 bis März 1932 das 1928 gegründete Landschulheim Marquartstein im Chiemgau.

6 Die Villa steht unter Denkmalschutz.

7 Gertrud Sussmann lebte bis April 1950 in Chemnitz, bevor sie über Rotterdam zu ihrem Sohn Rolf in die USA emigrierte. Bis zu ihrer Pensionierung wohnte sie in New York City, wo sie als Kindermädchen tätig war. Danach kehrte sie über Wien nach Deutschland (West) zurück, wo sie am 29. März 1978 in Wiesloch (Rhein-Neckar-Kreis) starb.

8 Rolf, der ältere Sohn, war im Oktober 1938 in die USA emigriert, wo er seinen Namen in Ralph Sutton änderte. Er unterstützte den Verfasser, indem er ihm Fotos und Unterlagen zur Verfügung stellte. Ralph Sutton starb am 31. Oktober 2009 in Camp Hill (Pennsylvania).

SIEGFRIED PERETZ AKTIENGESELLSCHAFT

Elsasser Straße 8

Baujahr(e): 1926/1927
Architekt: unbekannt
Foto: Pressefoto Wolfgang Schmidt, Chemnitz, 2020

Der Erweiterungsbau der Siegfried Peretz AG in Altchemnitz

Thomas Morgenstern

Ein weiteres Beispiel der »Backstein-Moderne« findet man an der Elsasser Straße 8 mit Hauptfassade zur Bruno-Salzer-Straße im Stadtteil Altchemnitz. Es handelt sich um den Erweiterungsbau für die Strumpffabrik Siegfried Peretz AG von 1927. Als drittes Gebäude im Fabrikensemble bildet es einen etwas erhöhten Kopfbau an der Südseite. **(Abb. 1)** Die älteren Fabrikbauten von 1902 und 1914 sind viergeschossig. Das fünfte Geschoss des neuen Gebäudes bildet ein Mezzanin- bzw. Attikageschoss[1]. Bei der Gestaltung der violett-braunen Klinkerfassaden ist die Vorbildwirkung des ein Jahr zuvor fertiggestellten Textileinkaufs- und Lagerhauses Emden der Gebrüder Gerson nicht zu übersehen. Auch hier sind die Gebäudekanten durch hervortretende Hartbrandziegel ornamentiert und plastisch abgesetzt, ebenso die Traufzone des Flachdaches. **(Abb. 2)** Zusätzlich sind noch die Klinker in den oberen Brüstungsfeldern und Sturzbereichen der flächenbündigen Fabrikfenstern vertikal gestellt und bilden einen weiteren ornamentalen Schmuck. Ein erkerartig vorspringender Mittelrisalit akzentuiert die Hauptfassade zur Bruno-Salzer-Straße (früher: Adorfer Straße). Ansonsten heben hier funktional bedingte Elemente die Fassadensymmetrie auf. So zeichnet sich auch die vertikal betonte Fensterachse des Treppenhauses in der Fassade ab, wie auch nutzungsbedingte große Torelemente im Erdgeschossbereich. An der fensterlosen Westgiebelseite ist der Firmenname der Siegfried Peretz AG mit glasierten Klinkern intarsiert. **(Abb. 3)** In DDR-Zeiten kamen die Gebäude zum VEB Buchungs-

Abb. 1: Die drei Fabrikbauten der Siegfried Peretz AG, 2014, Archiv Denkmalschutzbehörde Chemnitz

Abb. 2: Fassadendetail 2020, Pressefoto Wolfgang Schmidt, Chemnitz

Abb. 3: Erhaltene Inschrift Westgiebel Bruno-Salzer-Straße 2020, Foto: Thomas Morgenstern

maschinenwerk (BUMA). Da auch die Fabrikbauten südlich der Bruno-Salzer-Straße zur BUMA gehörten, wurde im zweiten Obergeschoss eine Verbindungsbrücke über die Straße hinweg errichtet. Diese ist noch vorhanden, wenn auch nicht mehr in Funktion. Warum diese bei der komplexen Sanierung 1994 nicht zurückgebaut wurde, ist schwer zu verstehen. Alle drei Peretz-Fabrikgebäude stehen heute unter Denkmalschutz.

Nach dem Verkauf durch die Treuhandanstalt bereitete ein privater Investor die Fabrikbauten für eine Umnutzung vor. So erfolgte 1995 nach Sanierung und Umbau die Vermietung an die Stadtverwaltung Chemnitz. Das Bürger- und Ordnungsamt mit Pass- und

Kfz-Zulassungsstelle brachte einen regen Besucherverkehr mit sich. Mit dem Umzug der städtischen Ämter in das neue Bürgerhaus am Düsseldorfer Platz stand das Peretz-Haus kurze Zeit leer, bevor der Freistaat Sachsen als neuer Mieter es für das Staatsarchiv Chemnitz umbauen ließ. Zusätzlich war der Neubau eines Magazingebäudes an der Lothringer Straße notwendig. Die Eröffnung für den Benutzerverkehr des Staatsarchives im Peretz-Haus erfolgte im Mai 2013. Am Haupteingang erinnert eine Gedenktafel an die Geschichte des Hauses.

Die Strumpffabrik Siegfried Peretz oder Der tragische Tod einer Unternehmerfamilie

Jürgen Nitsche

Die Anfänge der bekannten Strumpffabrik Siegfried Peretz gehen bis in die frühen 1880er Jahre zurück. Siegfried Peretz, der Firmenpatron, hatte den Grundstein bereits in Leipzig gelegt, wo er einige Jahre gelebt hatte. Der einstige Geflügelhändler hatte am 16. April 1884 ein Geschäft für Posamenten und Wollwaren gegründet und dieses fünf Wochen später ins Leipziger Handelsregister eintragen lassen. Obwohl er am 22. Februar 1888 das begehrte Bürgerrecht der Messestadt erhielt, beschloss er, seinen Wohnsitz nach Chemnitz zu verlegen. An seiner Seite befanden sich Ehefrau Lina Aeberlein, die er am 20. Juni 1887 in Leipzig geheiratet hatte, und ihr Sohn Albert.

Siegfried Peretz **(Abb. 1)** stammte aus der Provinz Pommern, wo er am 8. Mai 1859 in der Landgemeinde Wangerin geboren worden war. Im April 1889 traf er mit seiner Familie in Chemnitz ein. Zuvor hatte er seine Firma beim Amtsgericht Leipzig löschen lassen. Dennoch betrachtete er später den 16. April 1884 als die Geburtsstunde seines erfolgreichen Unternehmens, wie der Firmenbriefkopf allgegenwärtig zeigte.

Siegfried Peretz war von Anfang an bemüht, sich als Handschuh- und Strumpfwarenhändler zu etablieren. Als Geschäftsadresse gab er zunächst das Haus Annenstraße 13 an, wo sich das Kontor der erst am 31. März 1887 gegründeten Firma M. H. Schiel befand. Die Eheleute Schiel handelten ebenfalls mit Handschuhen und Strumpfwaren. Die Geschäftsleute verlegten ihre Kontore in das Haus Moritzstraße 10. Sicher war es daher kein Zufall, dass Peretz im September 1892 Mitinhaber der Firma wurde. Der Sitz der gemeinsamen Firma, die nunmehr Schiel & Peretz hieß, befand sich in dem Haus Friedrichstraße 16. Der fast gleichaltrige Hermann Schiel (1856–1910) schied jedoch bereits im Juni 1895 aus der Firma aus und gründete eine eigene Strumpffabrik.

Abb. 1: Siegfried Peretz, Altersporträt, Privatbesitz

In den Folgejahren baute Siegfried Peretz das Geschäft, das nunmehr seinen Namen trug, zu einer der größten regionalen Strumpffabriken aus. Bevor er eine geeignete Fabrikationsstätte in Chemnitz fand, hatte er mit der Strumpfherstellung in Jahnsbach (Erzgebirge), heute ein Ortsteil von Thum, begonnen. 18 Frauen und ein Mann waren dort in einem Arbeitsraum beschäftigt. Mangels angemessener Lüftungseinrichtung und weiterer Probleme mit dem Arbeitsschutz sah er sich gezwungen, den Betrieb im Mai 1896 stillzulegen.

Es dauerte eine Weile, bis Peretz ein in Frage kommendes Fabrikgelände im Ortsteil Altchemnitz fand. 1904 erwarb er das Fabrikgebäude Lothringer Straße 14 **(Abb. 2)**, das bislang im Besitz des bekannten Fabrikanten Bruno Salzer (1859–1917) war. In dem zwei Jahre zuvor erbauten Gebäude hatte die Firma Bruno Henning,

Abb. 2: Fabrikgebäude, Grafik, um 1925, Sammlung Nitsche

Abb. 3: Waren der Siegfried Peretz OHG, 1938, Privatbesitz

eine kunstgewerbliche Anstalt für dekorative Stickereien, Vorhänge, Tischdecken und Möbelbezüge, zunächst ihren Sitz. Eine Zeit lang nutzten die Unternehmer die ausgedehnten Fabrikräume gemeinsam.

Im Juli 1907 holte Siegfried Peretz seinen 27-jährigen Sohn Albert als Teilhaber in die Firma. Der Kaufmann Philipp Mandelbaum (1878–1929) wurde Prokurist. Er löste Peretz' Schwager, den Leipziger Kaufmann Oskar Hormann-Knauer, ab.

Im Handelsregister wurde die Herstellung von Strumpfwaren (Kinder- und Damenstrümpfe) als Unternehmensgegenstand angegeben. Als Spezialartikel wurden baumwollene Kinderstrümpfe genannt, die zum Teil auch auf eigene Rechnung in fremden Betrieben hergestellt oder veredelt wurden. Noch Jahre später (1939) stand die Firma an erster Stelle aller deutschen Kinderstrumpfexporteure. Darüber hinaus wurde auch mit nicht selbst erzeugten Strümpfen gehandelt. Die eigenen Produkte trugen das geschützte Warenzeichen »PERENA«. **(Abb. 3)** Im Herbst 1919 schied der Prokurist Mandelbaum aus der Firma aus. Bereits zuvor war mit dem jungen Kaufmann Carl Leder (1888–1944) **(Abb. 4)** ein Mann für die Zukunft gewonnen worden. Nachdem bereits im Jahr 1914 ein erster Erweiterungsbau erfolgt war, kam im Jahr 1927 ein weiterer hinzu.

Abb. 4: Carl Leder, Porträt, um 1930. Foto: Joseph Rosner, Chemnitz, Privatbesitz

Abb. 5: Belegschaft, 1934, Privatbesitz

Am 21. Dezember 1921 wurde die Firma in eine Aktiengesellschaft umgewandelt, deren Kapital sich ausschließlich in Familienbesitz befand. Auf der Gründungsversammlung wurden Albert Peretz und Carl Leder in den Vorstand gewählt. Siegfried Peretz übernahm den Vorsitz im fünfköpfigen Aufsichtsrat. Ende der 1920er Jahre waren etwa 500 Angestellte und Arbeiter für die Siegfried Peretz AG tätig. Ohne Heimarbeiter betrug ihre Zahl 315 (1936) bzw. 330 (1938). **(Abb. 5)** Der Firmengründer war bei seinen Mitarbeitern »wie ein Vater« beliebt, erinnerte sich seine Schwägerin Ilse Hormann-Knauer nach Kriegsende, »da er jedem geholfen hätte, wo er nur konnte«[2].

Die Kunden der Aktiengesellschaft **(Abb. 6)** waren nicht nur Großhändler, Einzelhändler und Versandgeschäfte in Deutschland, sondern auch in Holland, Belgien, Schweden, Dänemark, Norwegen, England und der Schweiz.

Im März 1928 erwarb die Firma ein Einfamilienhaus im Ortsteil Schlosschemnitz. Albert Peretz bezog das villenartige Haus am Küchwaldring 8. Der Fabrikdirektor hatte sich in der Stadt auch einen Namen als Freund der Künste gemacht. Er sammelte vor allem Bücher und Antiquitäten.

Die NS-Machtübernahme bedeutete auch für die Familie Peretz Anfeindungen und Demütigung. Dies zeigte sich in wachsenden Schwierigkeiten, denen sich die Siegfried Peretz AG ausgesetzt sah. Die Hauptaktionäre sahen in der Auflösung der Aktiengesellschaft einen scheinbaren Ausweg aus der hoffnungslosen Lage. Zum 31. Oktober 1937 wurde diese wieder in eine Offene Handelsgesellschaft überführt. In den Folgemonaten geriet die OHG, als sie sich um einen Kredit bei der Deutschen Bank bemühte, ins Visier der

Abb. 6: Notgeld, Ausgabe: 24. August 1923, Sammlung Nitsche

»Arisierungsbehörden« der Industrie- und Handelskammer. Siegfried Peretz musste sich gegenüber der Kammer verpflichten, bis zum 31. Mai 1938 »unwiderruflich« aus der Firma auszuscheiden. Auf dem Weg dahin war ihm bereits am 23. Februar 1938 das Recht abgesprochen worden, die Gesellschaft in der Öffentlichkeit zu vertreten. Albert Peretz, der als »jüdischer Mischling« galt, durfte in der Firma bleiben. Ihm zur Seite wurden aber zwei langjährige Mitarbeiter gestellt: Johannes Krauße (Betriebsleiter) und Paul Johannes Sting (kaufmännischer Prokurist). Sie wurden als persönlich haftende Gesellschafter aufgenommen.

Carl Leder hatte bereits im Oktober 1937 seinen Platz im Unternehmen räumen müssen. Am 23. September 1938 schied Siegfried Peretz endgültig aus der Firma aus. Die persönlich haftenden Gesellschafter gaben allerorten bekannt, dass mit Zustimmung des Reichswirtschaftsministers und im Einvernehmen mit den zuständigen Behörden die Firma »nicht mehr als jüdischer Gewerbebetrieb« anzusehen war. Sting und Krauße hatten noch ein Vierteljahr zuvor gegenüber der IHK bemerkt, dass es der 80-jährige Firmengründer nicht mehr nötig hätte, »sich noch weiterhin an den Erträgnissen [ihres] Unternehmens zu bereichern«. Im November 1938 war die »Entjudung« der Firma endgültig abgeschlossen, was mit ihrer Umbenennung in Perena-Werk Krauße & Co. gezeigt wurde.

Albert Peretz zog im Mai 1938 vorübergehend nach Leipzig. Er und seine Tochter Ilse, die mit ihrem Ehemann Dr.-Ing. Georg Ledérer in Kassel-Wilhelmshöhe lebte, waren aber weiterhin Mehrheitseigentümer der OHG. Nach Kriegsbeginn gingen die Umsätze der Firma spürbar zurück. Im September 1940 kehrte Albert Peretz nach Chemnitz zurück und entschied sich für ein Leben in Hotels, was Missgunst und Neid bei Mitbewohnern hervorrief. Zuletzt wohnte er im Hotel »Stadt Gotha« (Friedrich-August-Straße 8), als er am

Abb. 7: Firmenschild am Haupteingang, verm. 1946, Privatbesitz

14. Mai 1942 verhaftet wurde, angeblich wegen eines »Verstoßes gegen die Lebensmittelverordnungen«. Dr. Hans Bindler (1907–?), sein Rechtsanwalt, konnte verhindern, dass von der Staatsanwaltschaft ein Ermittlungsverfahren für das Sondergericht in Dresden geführt wurde. Im August 1942 veranlasste die Geheime Staatspolizei, dass gegen den Fabrikbesitzer ein »Schutzhaftbefehl« erging, obwohl dieser zuvor von der Staatsanwaltschaft aus der Untersuchungshaft entlassen worden war. Albert Peretz wurde am 27. Oktober 1942 in das Konzentrationslager Buchenwald überstellt und von dort am 27. November 1942 in das Vernichtungslager Auschwitz deportiert, wo er am 13. Dezember 1942 ermordet wurde.

Am Morgen des 3. Mai 1943 schieden Siegfried Peretz und seine nichtjüdische Ehefrau freiwillig aus dem Leben, nachdem sie von den Polizeibehörden davon in Kenntnis gesetzt worden waren, dass sie aus ihrer geliebten Wohnung in der General-Litzmann-Straße 61[3] ausziehen müssten.[4]

Die Strumpffabrik wurde im November 1943 kriegsbedingt stillgelegt und die Belegschaft in die Auto Union A-G. überführt. Nach der Wiederingangsetzung des bombengeschädigten Werkes erfolgte im November 1945 seine Rückbenennung in Siegfried Peretz OHG. **(Abb. 7)** Eine Zeit lang wurden wieder Kinderstrümpfe, Sportstrümpfe und Damenstrümpfe hergestellt. Der Eintrag der Firma wurde zum 31. Dezember 1961 aus dem Chemnitzer Handelsregister gelöscht.

Drei Stolpersteine vor dem Haupteingang des Sächsischen Staatsarchivs Chemnitz, das sich vor einigen Jahren in das imposante Fabrikgebäude eingemietet hat, erinnern seit dem 30. September 2015 an die Familie Peretz.

Anmerkungen

1 Niedriges Zwischengeschoss, meist zwischen Erdgeschoss und erstem Obergeschoss oder als letztes Geschoss unmittelbar unter dem Dach – dann wird es auch als Attikageschoss bezeichnet (baugesch.: Ital. Renaissance).

2 Staatsarchiv Chemnitz, 39074 Objekt 14, Nr. ZD 54/3262/06.

3 Seit 1945 wieder Ulmenstraße.

4 Ihre Urnen wurden in einem der namenlosen Grabstätten auf dem Jüdischen Friedhof in Altendorf beigesetzt.

SIGMUND GOERITZ AKTIENGESELLSCHAFT

Ulmenstraße 3

Baujahr(e): 1925/1926
Architekt: Hans Poelzig, Berlin
Bauleitung: Architekt Dr. Wilhelm Sievers, Siegmar
Künstlerische Betreuung: Gustav Schaffer, Chemnitz
Sanierung und Umnutzung: 2018–2020
Architekt: Hohmuth & Partner, Leipzig-Berlin
Foto: Poelzig-Bau, 2007, Archiv Industriemuseum Chemnitz

Der unvollendete »Festbau für die Arbeit« der Sigmund Goeritz AG – geplant von Hans Poelzig

Thomas Morgenstern

Gegenüber dem Sächsischen Industriemuseum Chemnitz an der Zwickauer Straße steht oberhalb der Einmündung der Ulmenstraße ein auffälliger Industriebau mit wuchtiger Natursteinfassade. Ein monumentaler Torso, über den es vieles zu berichten gibt.

Der Textilfabrikant Sigmund Goeritz erwarb 1909 das Areal an der Zwickauer Straße am Südhang des Kaßberges. Auf den Grund-

Abb. 1: Erste Fabrikbauten Sigmund Goeritz um 1915, Archiv Denkmalschutzbehörde Chemnitz

mauern einer früheren Gießerei wurde umgehend zwischen Kappelbach und Zwickauer Straße ein erster Fabrikbau mit gelber Klinkerfassade errichtet. Dieser wurde anfangs an den Teppichfabrikanten Oscar Kohorn vermietet. Dahinter entstand 1909 ein Heizhaus mit Schornstein. Im Hintergelände erbaute der Architekt Oskar Geyer (Zwickau) 1910/11 einen weiteren viergeschossigen Fabrikbau mit roter Klinkerfassade – bereits als Stahlbetonrahmenkonstruktion. **(Abb. 1)** Ab 1911 nutzte die Sigmund Goeritz OHG beide Fabrikbauten für die Trikotagenherstellung.

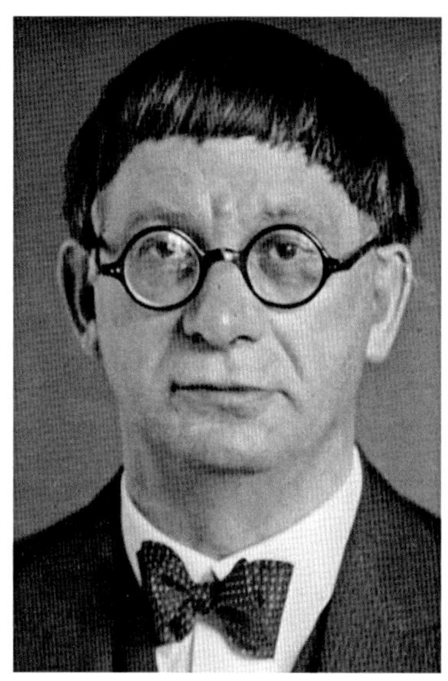

Abb. 2: Hans Poelzig, Archiv Denkmalschutzbehörde Chemnitz

Im Jahr 1922 erstellte der bekannte Architekt Hans Poelzig (1869–1939) aus Berlin **(Abb. 2)** erste Entwürfe zu einem monumentalen Fabrikneubau: siebengeschossig und von der Ulmenstraße über den Kappelbach hinweg in die Bauflucht der Zwickauer Straßen schwingend. Eine rustikale Natursteinverkleidung mit gleichförmig gereihten Korbbogenfenstern, verbunden durch Gurtgesimse aus Rochlitzer Porphyrtuff, prägte die Fassaden des Entwurfes. **(Abb. 3)** Doch das etwa 30 Meter hohe Gebäude wurde nicht genehmigt. Die Chemnitzer Baubehörden standen den Ausmaßen und der Höhe des geplanten Fabrikbaus kritisch gegenüber, auch hat man den Bauherrn zunächst nicht erlaubt, das Projekt wie gewünscht in Teilabschnitten zu errichten. Hinzu kam, dass die gegenüberliegenden Maschinenbaufirma Hermann & Alfred Escher AG (heute Chemnitzer

Abb. 3: Entwurf Poelzigs von 1922, Archiv Denkmalschutzbehörde Chemnitz

Industriemuseum) zwar dem Poelzig-Bau zustimmte, aber daran eine Forderung knüpfte: Wenn die Goeritz AG einen Bau von 30,5 Meter Traufhöhe bauen dürfe, dann müsse der Escher AG und ihren Nachfolgern das gleiche Recht eingeräumt werden.[1] Darauf ließ sich das Chemnitzer Baupolizeiamt nicht ein. Das strittige Verfahren wurde der Baubehörde im Sächsischen Innenministerium über geben. Dort sah man »schwere Bedenken« gegen eine Teilausführung und legte nahe, den Bau nicht zu genehmigen. Man befürchtete das, was dann wahrlich eingetreten ist: »dass der Bau als Torso ohne jeden künstlerischen Wert stehen bleiben würde«.[2] Einer weiteren Bearbeitung des Projektes »unter Verzicht auf einen Hochhausbau« werde jedoch entgegengesehen. Auf einen persönlichen Brief Poelzigs an Stadtbaurat Fred Otto antwortete dieser im Januar 1923, dass eine Bauhöhe von höchstens 22 Meter an der Zwickauer Straße geplant werden sollte.[3]

Zwischen dem baubehördlich abgelehnten ersten Entwurf und dem Baubeginn vergingen drei Jahre. Von 1924 bis Januar 1926 entstanden im Büro von Poelzig 140 Blätter zum Goeritz-Projekt in Chemnitz, heute archiviert in der Plansammlung der TU Berlin.[4] Der Bauantrag mit einer reduzierten Gebäudehöhe von 22 Meter wurde Anfang 1925 eingereicht und die Stadt erteilte am 18. April 1925 die Baugenehmigung, ohne dabei auf die beabsichtigte etappenweise Realisierung einzugehen. **(Abb. 4)**

Im Bauantrag wird »der erste Bauabschnitt nicht als Solitär eingereicht, sondern als Teilbau mit Interimswand bezeichnet«.[5] Der erste Bauabschnitt war 1926 fertiggestellt und parallel dazu wurde der zweite Bauabschnitt planerisch zur Ausführung vorbereitet. Warum dieser jedoch nicht zur Ausführung gelangte, ist heute schwer nachvollziehbar. Zumal der Bauherr sogar den Schiefer-

Abb. 4: Neue Planung Poelzigs von 1925, Archiv Denkmalschutzbehörde Chemnitz

steinbruch in Harthau gekauft hatte, um die Unmengen an graugrünem Harthauer Chloridschiefer in gleicher Charge für den Gesamtbau zu sichern. Wirtschaftliche Probleme der Firma S. Goeritz in dieser Zeit noch vor der Weltwirtschaftskrise sind nicht belegt. Gründe könnten zum einen die gestiegenen Baupreise gewesen sein, zum anderen auch einige in gleicher Zeit drängenden Investitionen wie das neue Heizhaus mit Kohlebunker, eine Kläranlage zur Reinigung des Färbereiwassers, ein Brunnen und der technologisch erforderliche innere Umbau des roten Klinkergebäudes.[6] So blieb es bei dem Teilstück an der Ulmenstraße, das viergeschossig mit zurückgesetztem fünften Geschoss ausgeführt wurde. Die Ausführung vor Ort realisierte das Architekturbüro von Dr. Wilhelm Sievers aus Siegmar, für die künstlerische Ausgestaltung von Innenräumen war der Chemnitzer Kunstmaler Gustav Schaffer (1881–1937) verantwortlich. 1927/28 kam ein neues Heizhaus mit Kohlebunker von Architekt Dr. Wilhelm Sievers hinzu. Es wurde nach Entwürfen Hans Poelzigs errichtet.

Bei der Bombardierung von Chemnitz im März 1945 blieb das Industrieareal unbeschädigt, sodass nach 1945 die »Venus-Werke Chemnitz VVB Trikot« wieder produzieren konnten. Seit 1953 firmierten diese unter »VEB Trikotagenwerk Ideal« – später »Trikotex« und »Sporett«.

Nach 1991 erfolgte die Einstellung der Produktion. Der Verkauf durch die Treuhandanstalt 1993 an eine Immobilienentwicklergruppe aus München ließ Hoffnung für die unter Denkmalschutz stehenden Fabrikgebäude aufkommen, zumal 1994 eine Vorplanung zur Umnutzung und Neubebauung der dahinterliegenden Flächen eingereicht wurde. Doch dann zog Ruhe ein und später wurde ein Insolvenzverfahren eröffnet. Zwei Versteigerungstermine durch die Gläubigerbank aus München beim Amtsgericht Chemnitz brachten

Abb. 5: Spoorth im ehemaligen Kohlebunker 2018, Archiv Denkmalschutzbehörde Chemnitz

keinen Erfolg, bis dann 2007 der Chemnitzer Bauträger Poelzig-Bau Projekt GmbH die denkmalgeschützte Industriebrache erwarb. In der Folgezeit entwickelte der neue Eigentümer Sanierungs- und Umnutzungskonzepte. Im ersten Bauabschnitt 2012/13 wurde der gelbe Klinkerbau an der Zwickauer Straße saniert und als Hauptmieter zogen eine Filiale von Harley-Davidson sowie das Auktionshaus Heickmann in das Gebäude ein. Danach wurden der Kohlebunker und das Heizhaus mit Schornstein dahinter in Angriff genommen. Hier entstanden eine Einrichtung für Reha-Aktiv »Spoorth« **(Abb. 5)** sowie ein Eiscafé und auch der Schornstein wurde saniert. Um den hohen Sanierungsaufwand zu unterstützen, wurden Denkmalfördermittel aus dem Bund-Länder-Sonderprogramm (BKM) bewilligt. Die Umbauplanung für diese Objekte erstellte die Steinert Bauplanung GmbH aus Hartmannsdorf.

Abb. 6: Fassadenzeichnung 2018, Architekturbüro Hohmuth & Partner

Für den roten Klinkerbau wurde in Verbindung mit dem Poelzig-Torso bereits die Planung zum Umbau für Wohnungen und Büros im Erdgeschoss erstellt. Dann erfolgte 2018 der Verkauf an die HANSA Real Estate GmbH, einem renommierten Bauträger aus Leipzig. Das Architekturbüro Hohmuth & Partner plante großzügige Wohnungen (Lofts) in den Obergeschossen, darunter einige Gewerbeeinheiten, und entwickelte in Abstimmung mit den Denkmalbehörden eine gestalterische Abrundung des provisorischen Südgiebels am Poelzig-Bau. **(Abb. 6)** Einige original erhaltene Gestaltungsdetails im Eingangsbereich und im Treppenhaus werden integriert. Das Vorhaben wurde 2019 begonnen und soll Anfang des Jahres 2021 fertiggestellt sein.

»Venus macht schlank« oder Wie die Trikotagenfabrik Sigmund Goeritz ihren Namen verlor

Jürgen Nitsche

Der Kaufmann Sigmund Goeritz (1856–1920) war der Namensgeber der Trikotagenfabrik, die am 4. Oktober 1882 in Chemnitz gegründet worden war. Gemeinsam mit seinem fast gleichaltrigen Vetter Gerson Goeritz (1855–1928) hatte er damals eine Firma errichtet, deren Zweck zunächst die Herstellung und der Vertrieb von Strumpfwaren war.

Die Familie Goeritz gehörte zu den jüdischen Familien, die zwischen 1870/71 und 1938 – und dies trotz Verfolgung und Vertreibung – deutlich sichtbare Spuren in der Chemnitzer Industrie- und Kulturlandschaft hinterließen. Sie stammte ursprünglich aus der Provinz Westpreußen. Die Brüder Max und Moritz hatten sich bereits Anfang 1870 hier niedergelassen. Ihr jüngerer Bruder Sigmund war ihnen anderthalb Jahre später in die aufstrebende Industriestadt gefolgt. Eine Schwester lebte ebenfalls hier.

Sigmund Goeritz war zunächst für einen jüdischen Kaufmann tätig, bevor er Ende 1872 die Stadt wieder verließ. Im Frühjahr 1875 kehrte er nach Chemnitz zurück und arbeitete für seinen Schwager Louis Melzer (1843–1911) sowie seine oben genannten Brüder. Im Herbst 1882 gründete er mit seinem Vetter eine Firma, die zunächst den Namen S. & G. Goeritz trug. Sie mieteten Räume in dem Haus Bernsbachstraße 2b an. Im Jahr 1886 beschäftigten sie elf Angestellte. Schon fünf Jahre später expandierte die Firma und zog in größere

Räume (Beckerstraße 11). Im Juli 1897 trat Gerson Goeritz aus der Firma aus und gründete mit dem bisherigen Prokuristen, dem Kaufmann Georg Born (1864–?), eine eigene Handschuhhandlung, jedoch mit mäßigem Erfolg. Sigmund Goeritz führte indes das Unternehmen unter seinem Namen allein weiter.

Im Jahr 1899 wurde mit der Trikotagenfabrikation, für die die Firma später landesweit bekannt wurde, begonnen. Die Belegschaft zählte bereits 80 Arbeiter und eine größere Zahl Heimarbeiter. Im Folgejahr wurden neue Geschäfts- und Fabrikationsräume bezogen, diesmal in einem Hintergebäude des Hauses Henriettenstraße 17. Insgesamt wurden dort 200 Arbeiter beschäftigt, 200 Heimarbeiter kamen noch hinzu. In dieser Zeit erwarb Sigmund Goeritz das Fabrikgrundstück Zwickauer Straße 106/108, auf dem sich bereits ältere Bauten befanden. Ein neues Fabrikgebäude wurde dort 1910/11 seiner Bestimmung übergeben. Die viergeschossige Fabrik war mit Rundstühlen, die Trikotwäsche für Männer machten, eingerichtet.

Bereits im September 1887 hatte sich Sigmund Goeritz mit der aus der Provinz Posen stammenden Selma Ruhmann vermählt, mit der er vier Kinder hatte: Erich, Elfriede, Susanne und Karl. Der erfolgreiche Fabrikant engagierte sich nicht nur innerhalb jüdischer Vereine und Organisationen, sondern auch außerhalb davon. So gehörte er als bekennender Freund der Künste frühzeitig dem Verein *Chemnitzer Kunsthütte* an. Daher überrascht es auch nicht, dass er sich von dem Maler Walther Illner (1874–1959) porträtieren ließ. Das mit Pastellkreide gemalte Porträt, das im Kriegsjahr 1915 entstand, befindet sich noch heute in Familienbesitz. **(Abb. 1)**

Als der Erste Weltkrieg im August 1914 ausbrach, waren 350 Arbeiter und Angestellte sowie 200 Heimarbeiter für die Firma tätig. Nachdem Sigmund Goeritz die Trikotagenfabrik fast 20 Jahre allein geleitet hatte, erkannte er die Notwendigkeit eines Generations-

Abb. 1: Walther Illner: Sigmund Goeritz, Pastellzeichnung, 1915, Privatbesitz

wechsels. Daher berief er Ende 1914 seinen Sohn Erich (1889–1955) als Teilhaber. Dennoch warfen Krieg, Kriegsdienst und Rohstoffmangel auch das erfolgreiche Unternehmen in seiner Entwicklung zurück. Erich Goeritz gründete in dieser Zeit eine Werkzeugmaschinenfabrik, die er am 8. Juni 1917 unter seinem Namen in das Handelsregister eintragen ließ. Bereits am 6. Dezember 1919 ließ er den Eintrag wieder löschen.

Innerhalb kürzester Zeit bewies Erich Goeritz, dass er in die Fußstapfen seines erfolgreichen Vaters treten konnte. Daher setzte sich Sigmund Goeritz bereits im Frühjahr 1916 zur Ruhe und siedelte nach Berlin über. Im Februar 1918 vermählte sich Erich Goeritz in München mit Senta Sternberger, die aus Bayerns Metropole stammte. **(Abb. 2)**

Abb. 2: Erich Goeritz (li.) und Carl Leder mit unbekanntem Kind im Urlaub, um 1929, Privatbesitz

Nach Kriegsende und Inflation nahm die Aufwärtsentwicklung der Firma ihren Fortgang. Die Anlagen wurden ausgebaut, die Zahl der festen Arbeiter stieg ständig, während die Heimarbeit abgebaut wurde.

Sigmund Goeritz starb am 5. März 1920 in Berlin und wurde auf dem Jüdischen Friedhof in Berlin-Weißensee beigesetzt. Seine Witwe verstarb am 20. September 1929 im Sanatorium Schloss Fürstenberg (Mecklenburg).

Nach dem Tod des Firmengründers wurde die Offene Handelsgesellschaft im Jahr 1921 in eine Aktiengesellschaft in Familienbesitz umgewandelt. Der alleinige Vorstand war zunächst Erich Goeritz, der seinen Wohnsitz im Juni 1920 auch nach Berlin verlegt hatte. Ende 1927 trat auch Karl Goeritz (1900–1939) in den Vorstand ein.

Abb. 3: Karl Goeritz und Rabbiner Dr. Hugo Fuchs, in der Mitte: Karls siebenjähriger Sohn Frank-Stefan, Amsterdam April 1939, Privatbesitz

(Abb. 3) Ihr Onkel Stephan Ruhmann war Aufsichtsratsvorsitzender. Zum Stellvertreter wurde der Berliner Arzt Dr. Siegmund Brandenstein (1880–1954), der mit Erichs Schwester Elfriede verheiratet war, gewählt.

Erich Goeritz entwickelte die Chemnitzer Fabrik in der Folgezeit zu einer der bedeutendsten Trikotagenfabriken von Deutschland. Er modernisierte fortwährend seinen Maschinenpark und gliederte die Färberei sowie Ausrüstungsanlagen an. Er vergrößerte aber auch sein Unternehmen. So erwarb er im Jahr 1925 die Norddeutsche Trikotweberei in Lübben (Spreewald), die infolge der Inflation in Konkurs gegangen war. Im Ergebnis der Übernahme standen nunmehr insgesamt 1.000 Arbeiter und Angestellte in Chemnitz und Lübben in Lohn und Brot.

In dieser Zeit ließ Erich Goeritz auf seinem Firmengrundstück an der Zwickauer Straße eine Spezialfabrik für gestrickte Damenunterwäsche errichten. Der Entwurf stammte von dem Berliner Architekten Hans Poelzig. Die Bauleitung lag in den Händen des Architekten Dr. Wilhelm Sievers aus Siegmar bei Chemnitz. Der Kunstmaler Gustav Schaffer (1881–1937), der mit der Familie bis 1933 befreundet war, war für die künstlerische Beratung, den Innenausbau und die Malerei verantwortlich. Im Jahr 1923 hatte er ein Bildnis von Senta Goeritz gemalt.

Unter der persönlichen Leitung von Erich Goeritz wurde ein erster Bauabschnitt im Jahr 1927 beendet. Der Fabrikbau blieb jedoch ein Torso. Zwar folgten weitere Baumaßnahmen auf dem Gelände, jedoch wurde mit dem zweiten Bauabschnitt nicht begonnen. Kein anderer Industriebau in Chemnitz hätte es »an Höhe und Massigkeit« mit der »Fabrik Goeritz«, wenn diese planmäßig zu Ende gebaut worden wäre, aufnehmen können.

Erich Goeritz, der frühzeitig die unternehmerische Bedeutung der Reklame erkannt hatte, schuf im Jahr 1928 die Schutzmarke

Abb. 4: Reklameheft, um 1935, Sammlung Nitsche

»Venus«. **(Abb. 4)** Unter diesem Namen vertrieb die Firma fortan ihre Damenunterwäsche, Blusen sowie Bade- und Strandanzüge. Reklamefachleute der ersten Stunde arbeiteten für die Sigmund Goeritz AG. Sogar der »Bäderführer der Stadt Chemnitz und weitere Umgebung« warb mit Bademode im »Venus-Stil«. Karl Goeritz hatte den Kontakt zu Joachim Ringelnatz hergestellt **(siehe S. 110–112)**. Die Belegschaft stieg mittlerweile auf 1.800 Beschäftigte an.

Laut den Erinnerungen von Senta Goeritz, die diese 1958 im englischen Exil verfasst hatte, war die Sigmund Goeritz AG bis 1933 »die absolut tonangebende Damenwäschefabrik Deutschlands«. Sie war auch damals noch von »der einzigartigen Schönheit« der Entwürfe für den Fabrikneubau begeistert **S. 106–109**).

Anfang 1938 mussten die Familienmitglieder ihre Aktien – weit unter Wert der Fabriken in Chemnitz und Lübben – an die Deutsche Bank verkaufen. Nach vollzogener »Arisierung« wurden diese fortan als »Venus Werke Wirkerei und Strickerei AG« weitergeführt. **(Abb. 5)**

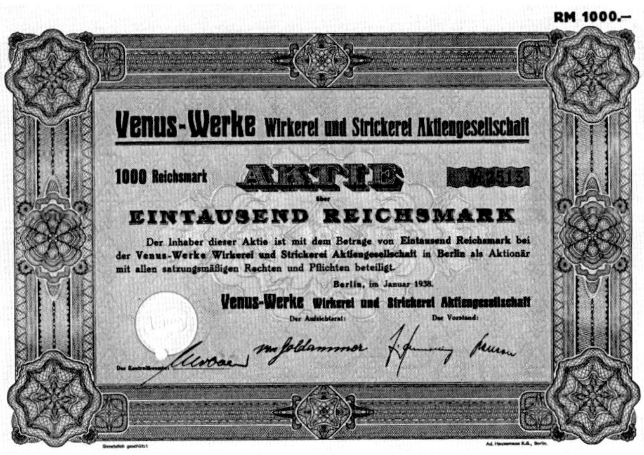

RM 1000.–

Venus-Werke Wirkerei und Strickerei Aktiengesellschaft

1000 Reichsmark AKTIE №2513

über

EINTAUSEND REICHSMARK

Der Inhaber dieser Aktie ist mit dem Betrage von Eintausend Reichsmark bei der Venus-Werke Wirkerei und Strickerei Aktiengesellschaft in Berlin als Aktionär mit allen satzungsmäßigen Rechten und Pflichten beteiligt.

Berlin, im Januar 1938.

Venus-Werke Wirkerei und Strickerei Aktiengesellschaft

Der Aufsichtsrat: Der Vorstand:

Der Kontrollbeamte:

Abb. 5: Aktie, Ausgabe: Januar 1938, Sammlung Nitsche

Die Geschichte der Sigmund Goeritz AG Chemnitz-Berlin[7]

von Senta Goeritz

Sigmund Goeritz war der Gründer einer Trikotagenfabrik im Jahre ca. 1895[8] in Chemnitz. Er fing in gemieteten Räumen mit bescheidenen Mitteln an. Zu Beginn des 20. Jahrhunderts erwarb er ein Fabrikgrundstück mit Gebäuden in einem Industrieviertel in Chemnitz, Zwickauer Straße. Schon im Jahre 1911 errichtete er, zusätzlich der bestehenden Gebäude, ein damals sehr modernes Fabrikgebäude. Die Fabrik war mit Rundstühlen, die Trikotwäsche für Männer machten, eingerichtet. Es wurde damals in der Hauptsache Wolle und Baumwolle verarbeitet. Kunstseide wurde erst im Jahre 1922 als Rohstoff verarbeitet.

Im Jahre 1914 wurde der damals 25-jährige Sohn Erich Goeritz Teilhaber. Erich Goeritz war trotz seiner Jugend so tüchtig, dass sich sein Vater Sigmund Goeritz bereits im Jahre 1918 zur Ruhe setzte und mit seiner Familie nach Berlin übersiedelte. Erich Goeritz entwickelte die Fabrik in den Jahren unmittelbar nach der deutschen Inflation zu einer der bedeutendsten Trikotagenfabriken von Deutschland. Er kaufte dauernd die modernsten Maschinen und gliederte die Färberei sowie Ausrüstungsanlage an.

Im Jahre 1925 erwarb Erich Goeritz die Norddeutsche Trikotagenfabrik Lübben-Spreewald und modernisierte sie.

Im Jahre 1926 gründete Erich Goeritz auf seinem Grundstück eine Spezialfabrik für gestrickte Damenunterwäsche. Er schaffte eine Schutzmarke »Venus macht schlank«, und das Genre dieser Unterwäsche war epochemachend.

Abb. 1: Neubau der S. Goeritz AG an der Ulmenstraße, Mitteilungen über den Chemnitzer Grundbesitz und den Baumarkt, 1927

Die Offene Handelsgesellschaft Sigmund Goeritz wurde im Jahre 1921 in eine Aktiengesellschaft umgewandelt. Das Aktienkapital war zwischen den zwei Brüdern und den zwei Schwestern verteilt. Die Norddeutsche Trikot AG war bereits vor dem Kauf an der Berliner Börse eingeführt. In den Jahren 1929–1933 war die Sigmund Goeritz AG die absolut tonangebende Damenwäschefabrik Deutschlands.

Im Jahre 1933 emigrierte die Ehefrau mit ihren damals zehn respektive elf Jahre alten Söhnen. Erich Goeritz emigrierte 1934 im Alter von 45 Jahren. Sein Bruder Karl, der damals 34 Jahre alt war, blieb mit seiner Familie in Chemnitz. Erst im Jahre 1938 wurde die Fabrik, die damals einen Steuerwert von acht Millionen Mark hatte, zu einem Nominalpreis (weit unter dem Wert) an die Deutsche Bank verkauft, d. h. die Aktien beider Firmen gingen an die Deutsche Bank über und wurden dann »Venuswerke« genannt.

Im Jahre 1926 gab Erich Goeritz dem Architekten Professor [Hans] Poelzig den Auftrag für ein großes neues Fabrikgebäude. **(Abb. 1)** Die Pläne waren von einzigartiger Schönheit und ein Teil dieses großen Projektes wurde unter persönlicher Leitung von Erich Goeritz gebaut. Diese Fabrik war eine Sehenswürdigkeit. Die Front war aus einem Schieferstein, der aus einem Steinbruch in der Nähe von Chemnitz gehoben wurde; damit bei einer späteren Vergrößerung derselbe Stein zu erhalten sein würde, kaufte Erich Goeritz den ganzen Steinbruch. An diesem Fabrikgebäude wurden die Horizontalen mit rotem Porphyrstein betont. Der Eingang war ein Marmorvestibül; der Boden war aus Mosaik und die Schutzmarke war groß aus den kleinen Mosaiksteinchen zusammengesetzt. An den Wänden waren die Original-Lithographie-Steine zu der Kunstmappe »Die Sintflut« von Lovis Corinth eingebaut. Erich Goeritz hat Lovis Corinth zu jener Zeit den Auftrag gegeben, Bilder zur Bibel zu illustrieren. Die Originalsteine dieser Lithographien, wovon einer ungefähr 1,10 Meter x 90 Zentimeter groß war, ergaben eine wunderbare Wanddekoraktion. Im Hauptbüro waren ca. 30 Schreibtische für die Angestellten mit Berliner Porzellan-Tintenfässern nach dem Modell von Schinkel ausgestattet. Das Arbeiter-Treppenhaus hatte an den Wänden Original-Ölbilder. Diese waren von verschiedenen zeitgenössischen Künstlern gemalt, da Erich Goeritz als großer Kunstkenner, immer der Freund der heranstrebenden jungen Maler war. So haben z. B. Künstler, die in Berlin lebten, monatelang als Gast der Fabrik in Chemnitz malen und ihre Produktion an die Fabrik verkaufen können.

Auch für die Reklame hat Erich Goeritz sein großes Verständnis für die Kunst nutzbar gemacht. Künstler wie Josef Oppenheimer, Walter Trier, Ringelnatz und erste Reklamefachleute arbeiteten [...] für die Venus-Werke.

Inzwischen war die Belegschaft auf ca. 1.800 Arbeiter gestiegen. Sowohl die Chemnitzer als auch die Lübbener Fabriken hatten ihre eigenen Fußball-Mannschaften.

Eine der letzten Handlungen der Schreiberin vor der Auswanderung war z. B. der Ankauf von 400 Liegestühlen für die Arbeiterschaft in Chemnitz, die einen großen herrlichen Garten zur Verfügung hatte. Die Kantine der Fabrik war so erstklassig geführt, dass sowohl die Direktoren wie auch die großen Kunden mit demselben Essen, das die Arbeiter bekamen, sehr zufrieden waren.

Die Chemnitzer Fabrik ist heute [1958] volkseigener Betrieb.

Senta Goeritz
London, W. 1.
1. Februar 1958.

Wie Venus zu Ringelnatz kam![9]

von Karl Goeritz

Zu Hause baut man die neue Bade-Kollektion auf – Entwürfe aus Wien, Paris, von Miami, San Sebastian – und entschließt sich – die schottische Note – Karos oder wie sie ganz echt heißen: Clans – zu bringen, damit nach der allmählich schon monoton wirkenden unifarbigen Mode den Kontrast betonend.

Venus-Schotten geizen nicht an frohen Farben. Es galt auch sie als charakteristisches Venus-Erzeugnis bekanntzumachen. Der Zufall wollte es, dass ich gerade beim Ausarbeiten des neuen Werbeplanes – Ringelnatz' Gedicht »Karo ist in deinem Kleid« las. Was lag da näher, als sich mit Kuddeldaddeldu postwendend in Verbindung zu setzen und ihn zu fragen, ob er bereit sei, für Venus Verse zu dichten, damit neben dem modischen Stil auch einen neuen Stil in der Werbung schaffend. **(Abb. 1)**

Abb. 1: Joachim Ringelnatz, Ansichtskarte, Foto: Ignaz Gidal, München, Staatsarchiv Chemnitz

»Wir können uns darüber unterhalten«, war die Antwort, die aber im Unterton mehr »nein« als »ja« klang. – Dann sahen wir uns, und als ich Ringelnatz erklärte, »dass er Venus nicht loben und die Marke höchstens einmal erwähnen dürfe«, da staunte er, dass es endlich jemanden gab, der seine Ware nicht als die beste, schönste, gesündeste, kurzum herrlichste der Welt zu bezeichnen wünschte. –

»Sie machen mir Laune – top«, war seine lachende Antwort und schon reimte er Zeile an Zeile – ein Wunder für den, der es nicht kann, vor allem nicht so kann. – Wir trennten uns – ich sollte auf seine Versuche einige Tage warten. – Schon am nächsten Tage erhielt ich die ersten Versuche – wie er sie nannte –, aber es saß jede Zeile, schmissig, witzig, leicht verständlich für jeden, wirksam vom ersten bis zum letzten Wort. Ich war begeistert und mit mir alle, die für die Werbung mit verantwortlich waren, selbst die »Texter«, die ja gegen Gedichte eine hundertprozentige Abneigung haben. –

Abb. 2: Reklameanzeige mit Venus-Segelboot, um 1939, Sammlung Jürgen Nitsche

Ringelnatz fand dann Spaß an dieser neuen Seite seines Pegasus. Glücklich war er – und alle, die später seine Gedichte für Venus lasen. **(Abb. 2)** Der Sommer 1934 verging – Ringelnatz hatte eine schwere Krankheit befallen – wir Freunde bangten um ihn, den wir so liebten. Er war müde geworden; man versuchte, ihn abzulenken. – Aus dieser Zeit stammt, wohl als eines seiner letzten Gedichte: »Schotten raus!« **(Abb. 3)**. Kurz bevor Ringelnatz von uns ging, sah

SCHOTTEN RAUS!

Schlechter Laune soll man spotten.
Ha, schon hellt sich dein Gesicht.
Venus warme Winter-Schotten —
Schon der Name ist Gedicht.

Nimm zum Beispiel diese Bluse,
Die zweifarbig nur getönt,
Und du merkst an jedem Gruße,
Daß Apartes dich verschönt.

Nimm die bunte, auch so weiche,
Trage, die sich fescher schmiegt,
Und du siehst, wie stets das Gleiche:
Wie Geschmack und Einfall siegt.

Hoch die Kunst! Und Tod den Motten,
Venus warme Winter-Schotten!

Abb. 3: Joachim Ringelnatz: »Schotten raus!«, siehe Anm. 9

ich ihn in seinem Atelier am Sachsenplatz [in Berlin], den er so schön besungen hat, liegend. – Ich wusste, dass es ein Abschied für immer sein würde und dankte dem Geschick, das mich fern von Tausenden, die ihn nur aus seinen Büchern und vielleicht noch vom Kabarett kannten, mit Ringelnatz in so freundschaftlicher und harmonischer Weise zusammengebracht hatte. [...][10] K. G.

Anmerkungen

1 Ratsbauakte, Bd. 10.

2 Ratsbauakte, Bd. 10, Blatt 49.

3 Ratsbauakte, Bd. 10, Blatt 57.

4 Tilo Richter und Hans-Christian Schink: Industriearchitektur in Chemnitz, Thom Verlag, 1995, S. 65.

5 Hans-Stefan Bolz: Die Fabrik Goeritz in Chemnitz von Hans Poelzig, Magisterarbeit, Universität Bonn, S. 40.

6 Ebd., S. 43 f.

7 Leo Baeck Institute New York, Archiv, Sammlung Goeritz.

8 Die Gründung der Firma erfolgte bereits im Jahr 1882.

9 Joachim Ringelnatz: »Für die Mode, nicht dagegen sei der Mensch«. Gedichte für Venus. Chemnitz [o. J.], S. 13-15. – Der Text wurde leicht gekürzt.

10 Vgl. auch Silke Kettelhake: Renée Sintenis. Berlin, Boheme und Ringelnatz. Berlin 2010.

M. J. EMDEN SÖHNE UND DIE TEXTIL-SYNDIKAT GMBH

Glockenstraße 1 / Dresdner Straße

Baujahr(e): 1925/1926
Architekten: Gebrüder Gerson, Hamburg
Bauleitung: Architekturbüro Kornfeld & Benirschke, Chemnitz
Baustatik: Eisenbeton AG Chemnitz, vorm. Vetterlein & Co.
Foto: Pressefoto Wolfgang Schmidt, Chemnitz, 2020

Das Textileinkaufs- und Lagerhaus der Firma M. J. Emden Söhne im Stadtteil Sonnenberg

Thomas Morgenstern

Ein erster wichtiger Meilenstein für die sachliche Architektur der Moderne in Chemnitz wurde 1925/26 mit dem Bau eines stattlichen Textileinkaufs- und Lagerhauses in der Dresdner Straße – Haupteingang ist Glockenstraße 1 – an der zentrumsnahen Peripherie des Gründerzeitwohnviertels »Sonnenberg« geschaffen. Auftraggeber war Dr. Max James Emden (1874–1940), seit 1904 Teilhaber, später Alleininhaber des in Hamburg gegründeten Textilhandelsunternehmens M. J. Emden Söhne, das er innerhalb weniger Jahre zu einem international agierenden Handelsunternehmen und Warenhauskonzern ausbaute. Emden erwarb dazu Grundstücke in den Zentren deutscher und ausländischer Großstädte, so unter anderem in Berlin, Potsdam, Chemnitz, Plauen, Stockholm, München und Budapest. Das Unternehmen war beteiligt beziehungsweise betrieb bekannte Kaufhäuser wie etwa das KaDeWe in Berlin. Der erfolgreiche Unternehmer und Doktor der Philosophie verkaufte 1927 im Alter von knapp 50 Jahren den Großteil seiner Unternehmensbesitzungen an den Warenhaus-Konzern Karstadt (und andere) und zog sich danach mehr und mehr von seinen kaufmännischen Aktivitäten zurück. Das Hamburger Unternehmen widmete sich fortan noch der Verwaltung des nach wie vor umfangreichen Grundbesitzes, zudem behielt Emden die ausländischen Warenhäuser in seinem Besitz. Ebenfalls im Jahr 1927 kaufte er eine ganze Insel im Lago Maggiore und ließ darauf eine stattliche Villa errichten. Obwohl aus einer begüterten jüdischen Kaufmannsfamilie stammend, konvertierte Max

Abb. 1 und 2: Hans und Oskar Gerson, Archiv der Denkmalschutzbehörde Chemnitz

J. Emden später zum Protestantismus. Trotzdem wurde er 1933 verfolgt und emigrierte ins schweizerische Tessin, wo er 1940 verstarb.

Das Hamburger Architekturbüro der Brüder Hans und Oskar Gerson (1881–1931 und 1886–1966) reichte im Februar 1925 den Bauantrag im Baupolizeiamt Chemnitz ein. **(Abb. 1 und 2)** Am 18. Juni 1925 wurde die Baugenehmigung erteilt und kurz darauf konnte der Bau begonnen werden, welcher reichlich ein Jahr später bereits fertiggestellt war. Ein Eisenbeton-Rahmenskelett mit großer Spannweite und nur einer mittleren Stützenreihe schaffte eine flexibel nutzbare Großräumigkeit für Lager- und Präsentationszwecke von Textilien und Kurzwaren im viergeschossigen kubistischen Hauptbau an der Dresdner Straße. Im Erdgeschoss waren die Expedition, Versand und Warenannahme untergebracht, funktionell gut organisiert über das in den Hang versetzte Sockel- bzw. Keller-

Abb. 3: Thalia-Haus Hamburg 2006 © staro 1 Wikimedia Commons GNU-FDL 1.2

geschoss mit langer Laderampe und Lastenaufzug. Im Sockelgeschoss waren die Appretur, ein großer Speiseraum mit Küche und Garderoben für das Personal eingeordnet. Im Seitenflügel zur Glockenstraße befand sich der Heizungskeller mit Kokslager. Für die Ausführungsplanung und Bauleitung wurde das Chemnitzer Architekturbüro Kornfeld & Benirschke verpflichtet. Die Gebäudestatik und den Stahlbetonbau erbrachte die Chemnitzer Eisenbeton AG, die damals in der Neefestraße 99 ansässig war.

Das Architekturbüro der jüdischen Gebrüder Gerson war bekannt geworden durch den Bau von Kontor- und Wohnhäusern in

Abb. 4: Sprinkenhof Hamburg 2016 © Ajepbah Wikimedia Commons Lizenz CC-BY-SA-3.0 DE

Hamburg, anfangs noch in expressionistischem Dekor und der Reformarchitektur verpflichtet, besonders beim Entwerfen von Villen und Landhäusern. Bei den Planungen der ersten für Hamburg typischen Kontorhäuser wie dem zehngeschossigen »Ballin-Haus« (heute: Meßberghof, 1922–1924) und dem »Thalia-Haus« (1923) klang die Neue Sachlichkeit bereits an. **(Abb. 3)** Beim 1926 geplanten und 1927/28 errichteten Kontorhaus-Komplex »Sprinkenhof« (erster Bauabschnitt gemeinsam mit Fritz Höger, Architekt des »Chile-Hauses« in Hamburg) wurden die Architekturformen noch sachlich-moderner. **(Abb. 4)** »In der Weimarer Republik waren die Brüder Gerson neben Fritz Höger die maßgebenden Vertreter der sogenannten Hamburger Schule der neuen Backstein-Bau-Kultur.«[1]

In Chemnitz schufen sie mit dem Lagerhaus Emden ein weiteres Werk der »Backstein-Moderne« – einen klaren kubistischen Bau mit Flachdach und durchgängig violett-brauner Klinkerfassade. Lediglich die Bogenfenster des Sockel- bzw. Kellergeschosses, die zurückgesetzten großen Fenster im Erdgeschoss sowie die Gebäudekanten sind durch hervortretende Hartbrandziegel plastisch abgesetzt. **(Abb. 5)** Die Traufzone des Flachdaches bildet eine doppelte Klinker-Rollschicht über vor- und rückspringenden Klinkern. Die Fensterformate der drei Obergeschosse sind fassadenbündig und vereinheitlicht, bandartig zusammengeführt durch schmale Keramikgesimse.

Abb. 5: Fassadendetail, Pressefoto Wolfgang Schmidt, Chemnitz, 2020

Abb. 6: Wasserwirtschaftsgebäude von Fred Otto, 2020, Archiv Denkmalschutzbehörde Chemnitz

Während der Hauptbaukörper den Abschnitt der Dresdner Straße zwischen Glocken- und Fürstenstraße solitär beherrscht, sollten die kurzen Seitenflügel zwischen kubistischem Hauptbau und der angrenzenden Gründerzeitbebauung mit Satteldächern vermitteln. So erhielten diese baulichen »Bindeglieder« Satteldächer und Schleppgauben. In ähnlicher Art und Weise bindet zwei Jahre später Stadtbaurat Fred Otto das nach seinen Entwürfen errichtete kubistische Gebäude der Städtischen Wasserwerke an die ältere Bebauung an, vermittelt durch ein Betriebswohnhaus mit Satteldach. **(Abb. 6)** Die Seitentrakte des Gerson-Baues besitzen Tordurchfahrten für die Einfahrt in den Anlieferhof und nehmen die Treppenräume auf. Dabei liegt der Gebäudeeingang mit dem großzügigen dreiläufigen Haupttreppenhaus an der Glockenstraße. Der Flügel zur Fürstenstraße beinhaltet ein mehr zweckmäßiges zweiläufiges Treppenhaus und Sozialräume.

Die Nutzung des Textileinkaufs- und Lagerhauses durch den Bauherrn Emden währte nur ein Jahr, dann erfolgte auch hier ein

Verkauf an die Karstadt AG. Da Karstadt bereits in der Annaberger Straße 93 in Altchemnitz ein stattliches Filialgebäude besaß, erfolgte kurz darauf der Weiterverkauf des sogenannten »Hansa-Hauses« an der Dresdner Straße an die »Sächsische Wollgarnfabrik GmbH« Leipzig (vorm. Tittel & Krüger). Im Januar 1928 wurde der neuen Eigentümerin ein Bauantrag für Umbaumaßnahmen der Innenräume von der Stadt Chemnitz genehmigt. So wurde ein Teil des Erdgeschosses zu Büroräumen für die Buchhaltung umgebaut. Ein Teil blieb Lager und Versand. Im ersten Obergeschoss entstanden Musterräume mit Musterlager und Büros mit Sekretariat für die Firmenleitung.[2] Weitere Umgestaltungen im ersten Obergeschoss erfolgten bereits ab September 1928 durch die ALROWA Deutsche Strickerei AG. Die Innenraumgestaltung dieser Etage entwarf der Chemnitzer Architekt Erich Basarke im etwas konservativen, 1928 inzwischen veralteten, Art déco. Schließlich wurde Ende 1941 der Einbau eines Luftschutzraumes mit angeschlossener Sanitätsstelle im Keller-Eckbereich zur Fürstenstraße baupolizeilich genehmigt.[3]

Bei der Bombardierung der Chemnitzer Innenstadt im März 1945 wurde das Gebäude nicht beschädigt und es ist bis in die Gegenwart weitestgehend original überkommen. Es war bereits in der DDR-Denkmalliste von 1980 enthalten und es ist heute ein Kulturdenkmal gemäß sächsischem Denkmalschutzgesetz. Seit der Nachkriegszeit wurde es als Verwaltungsgebäude genutzt. Es war Sitz des Rates des Kreises Karl-Marx-Stadt Land, dann Landratsamt Chemnitzer Land. Mit der Kreisreform 1995 wurde der Landkreis aufgelöst und es erfolgte die Übernahme durch das damalige Bundesvermögensamt, heute Sitz der Bundesimmobilienagentur. Neben teilweiser Eigennutzung erfolgten größtenteils Vermietungen an private Unternehmen und Gesellschaften.

Die kurze Geschichte des Einkaufshauses M. J. Emden Söhne oder Wie die Textil-Syndikat Gesellschaft ihren Geschäftsführer verlor

Jürgen Nitsche

Bevor das immer noch imposante Gebäude an der Ecke Glockenstraße 1/Dresdner Straße von einer Bundesbehörde bezogen wurde, gehörte es zu den eher stillen Schauplätzen Chemnitzer Industriegeschichte. Das Handelsunternehmen M. J. Emden Söhne aus Hamburg hatte es in den Jahren 1925/26 für sich errichten lassen. Für die Firmierung nutzten die Eigentümer eine filigrane Kunstschmiedearbeit auf dem Dach, um mit Metalllettern auf ihr neues »EINKAUFSHAUS CHEMNITZ G.M.B.H. Import/Export« aufmerksam zu machen.

Abb. 1: ALROWA Vorführraum, Erich Basarke, 1928

Bereits im Folgejahr erwarb die Rudolph Karstadt AG in Berlin das Gebäude als Zwischenerwerb, um dieses auch als Einkaufshaus zu nutzen. Es folgte die Sächsische Wollgarnfabrik GmbH als Eigentümerin, bevor es die Deutsche Strickerei AG »ALROWA« schließlich im Laufe des Jahres 1928 übernahm. **(Abb. 1)** Die »NOWA« Strumpffabrik AG nutzte außerdem einen Teil der Räume.

Im Jahr 1930 zogen zwei neue Mieter in den Industriebau ein, und zwar die Textil-Syndikat Gesellschaft mbH und die »Tesyra« Verkaufsgesellschaft mbH. Louis Goldschmidt (1888–1962), beider Geschäftsführer, hatte unter Umständen nur darauf gewartet, dass die repräsentativen Räume frei wurden.

Der Unternehmer entstammte einer angesehenen jüdischen Familie, die ihre Wurzeln in Eldagsen bei Hannover hatte. **(Abb. 2)** Zwei seiner älteren Brüder hatten in Berlin als Bankier bzw. Unternehmer große Verdienste erworben. Jakob Goldschmidt (1882–1955) gehörte bis 1931 zu den Spitzenbankiers in Deutschland. Julius Goldschmidt (1884–1936) war der Erfinder eines mechanischen Systems zur Adressierung von Massenbriefen. 1913 gründete er in Berlin die

Abb. 2: Familie Goldschmidt, Privatbesitz

ADREMA-Maschinenbaugesellschaft mbH, die in den Folgejahren einen imposanten Aufschwung erlebte.

Louis Goldschmidt, der lange Zeit im Schatten seiner erfolgreichen Brüder stand, errichtete am 6. Juli 1921 in Berlin die Textil-Syndikat Gesellschaft mbH. Dies war aber nur dank der Unterstützung seines Bruders Jakob und des Bankhauses Schwarz, Goldschmidt & Co. möglich. Das Stammkapital der Gesellschaft betrug anfangs fünf Millionen Mark. Von Jakob Goldschmidt und dem Bankhaus stammten jeweils zwei Millionen Mark. Louis Goldschmidt, dessen Stammeinlage eine Million Mark betrug, wurde am 31. August 1921 alleiniger Geschäftsführer.

Der Firmensitz befand sich anfangs in Berlin. Als Gegenstand des Unternehmens wurden die Fabrikation von Strumpf- und anderen Wirkwaren, der Handel mit solchen sowie der Abschluss von Ein- und Ausfuhrgeschäften in das Berliner Handelsregister eingetragen. Die neue Gesellschaft sollte, wie es in der Satzung hieß, in erster Linie »Chemnitzer Unternehmungen des Textilgewerbes zu einem Syndikat zusammenschließen«[4].

Der unverheiratete Kaufmann kehrte bereits im November 1921 der Reichshauptstadt den Rücken und verlegte seinen Wohnsitz nach Chemnitz. Noch von Berlin aus war es ihm gelungen, ein geeignetes Wohn- und Geschäftshaus in Schloßchemnitz zu erwerben. Das Haus Ottostraße 11 hatte sich bis dahin im Besitz des Kaufmanns Fritz K. Meinig befunden, der im Hintergebäude eine Armaturen- und Metallwarenfabrik besaß. Goldschmidt eröffnete darin eine Strumpfwarenfabrik. Ob die Produktion tatsächlich in dem Gebäude aufgenommen wurde, kann nur vermutet werden.

Fest steht aber, dass bereits in dieser Zeit Damenstrümpfe und Herrensocken in Gelenau (Erzgebirge) für das Textil-Syndikat hergestellt wurden, und zwar in einem Seitenflügel des Rittergutes. Im

Juni 1922 erwarb Goldschmidt in der Gemeinde ein fast sechs Hektar großes Grundstück, wo in der Folgezeit ein modernes Fabrikgebäude (März 1923), ein Wohn- und Wirtschaftsgebäude und drei Nebengebäude sowie ein freistehender Schornstein errichtet wurden. Der einfallsreiche Textilingenieur Richard Rost (1886–1955) wurde technischer Direktor. Die neue Fabrik war laut einer Anzeige »durch eigenes Telefon mit dem Hauptgeschäft Chemnitz verbunden«.[5] Das Musterlager befand sich weiterhin in Berlin. Im Frühjahr 1925 kam noch eine Fabrikationsstätte in Meinersdorf (Erzgebirge) hinzu.

Louis Goldschmidt, der mittlerweile auch in dem Haus Ottostraße 11 wohnte, entschied sich in der Folgezeit, den Handel mit den Strumpfwaren in eine eigene Gesellschaft zu überführen. Zu diesem Zwecke errichtete er im Februar 1925 die »Tesy« Vertriebsgesellschaft mbH, die ihren Hauptsitz zunächst noch in Berlin-Mitte hatte. Im März 1927 wurde diese laut Beschluss der Gesellschafterversammlung in »Tesyra« Vertriebsgesellschaft umbenannt. Das bisherige Warenzeichen war aus geschäftlichen Gründen dahingehend abgeändert worden. **(Abb. 3)**

Die Garne bezog das Syndikat aus Italien, England (u. a. japanisches Naturseidengarn und Baumwollgarn) und der Tschechoslowakei. Neben um-

Abb. 3: Das Qualitätszeichen für Damenstrümpfe, Reklameanzeige, Sammlung Nitsche

Abb. 4: Preisausschreiben, Sport im Bild, 1930

Abb. 5: Ein schöner Strumpf, Reklameanzeige, Sammlung Nitsche

fangreicher Belieferung des Binnenmarktes (u. a. »Kaufhaus des Westens« in Berlin) wurde ein beträchtlicher Export in alle europäischen Staaten und nach Übersee betrieben. **(Abb. 4)**

Besonderen Erfolg hatte das Unternehmen mit Damenstrümpfen der Schutzmarke »Tesyra«, die laut eigener Werbung »die Marke der Eleganz und Haltbarkeit« war. **(Abb. 5)** Die Strümpfe würden von »anspruchsvollen Damen im In- und Ausland, weil unübertroffen in Qualität und Preiswürdigkeit«, bevorzugt. Für jede Gelegenheit bot die Firma passende Strümpfe an, egal ob für den Abend, für Promenade und Gesellschaft, für die kühleren Tage oder die Morgenstunden. Darüber hinaus erfreuten sich neben den Artikeln einer eigenen Fantasiekollektion auch die »Classic«-Herrensocken großer Beliebtheit.

Im Oktober 1926 erwarb Louis Goldschmidt die Hausgrundstücke Annaberger Straße 40/42, die bisher im Besitz des im Februar 1922 verstorbenen Strumpfwarenfabrikanten Friedrich Anton Köbke waren. Die beabsichtigte Fusion mit der Friedr. Anton Köbke & Co. AG in Göppersdorf bei Burgstädt, in der nicht nur Strumpfwaren, sondern auch Atlas- und Milanesestoffe hergestellt wurden, missglückte. Der Verkauf bereits erworbener Köbke-Aktien war mit großen Verlusten verbunden. Auf den nahe dem Stadtkern gelegenen Grundstücken sollte anstelle der baufälligen Gebäude vom Architekturbüro Kornfeld & Benirschke ein modernes Verwaltungsgebäude errichtet werden, wozu es ebenfalls nicht kommen sollte. Vermutlich lag dies daran, dass der ehrgeizige Fabrikant nur wenig später, mitten in der Weltwirtschaftskrise, ein geeignetes Verwaltungsgebäude gefunden hatte.

Die Turbulenzen, in die sein Bruder Jakob in Folge des Zusammenbruchs der DANAT-Bank 1931 und der dadurch ausgelösten deutschen Bankenkrise geraten war, hatten keine nennenswerten

Auswirkungen auf die weitere Entwicklung seiner Firmen, deren Sitze sich inzwischen, seit dem Sommer 1929, in Chemnitz befanden. Der Wert der Stammeinlagen war inzwischen neu bewertet worden. Laut einer neuen Aufstellung betrug dieser nunmehr 1.250.000 Mark. Louis Goldschmidt besaß davon 40 Prozent. Nachdem das Stammkapital 1935 von zwei Millionen auf eine Million Mark herabgesetzt worden war, hielten Jakob und Louis Goldschmidt Anteile von 572.000 und 428.000 Mark.

Die Weltwirtschaftskrise hatte dennoch Auswirkungen auf die Bilanzen des Textil-Syndikates. Mit den Berliner Firmen Herrmann Gerson und Hermann Metzger, die einen Teil der Strümpfe in ihren Detailgeschäften verkauften, waren zwei Hauptabnehmer in Konkurs gegangen. Weitere Verluste kamen durch den Preisverlust im stets gefüllten Warenlager hinzu.

Der Vertrieb erfolgte nicht nur durch die eigene Verkaufsgesellschaft, vielmehr auch durch einen beachtlichen Stab von Auslandsvertretern: So hatte Goldschmidt, der selbst Geschäftsreisen ins Ausland unternahm, u. a. Vertreter in Oslo, Athen und Brüssel unter Vertrag. Allein 1934 wurden 42.572 Dutzend Strümpfe ins Ausland verschickt, was 44 Prozent vom Gesamtumsatz darstellte. Zu diesem Zeitpunkt lebte der Firmengründer schon nicht mehr in Chemnitz.

Was war geschehen? Unmittelbar nach der Machtübergabe an die NSDAP am 30. Januar 1933 setzte auch in Chemnitz eine mörderische Gewalt gegen Juden ein. Zum Teil wurden diese in das berüchtigte »Hansa-Haus« am Theaterplatz verschleppt. Das »Braune Haus«, wie das NS-Vereinslokal in der Bevölkerung hieß, gehörte damals zu den zahlreichen Prügel- und Folterstätten im Land, in denen die »Verhafteten« den Wachmannschaften hilflos ausgeliefert waren. In den oberen Räumen des Hintergebäudes war ein »Vernehmungszimmer« eingerichtet worden. Zu den Opfern gehörte auch Louis Goldschmidt. Der frühere Prokurist Franz Herrmann (1886–1951) gab im Dezember 1948 gegenüber den Justizbehörden zu Protokoll:

»Ende Februar oder Anfang März 1933 wurde mein damaliger Chef, Herr Louis Goldschmidt, der sich mit Geschäftsfreunden abends im ›Chemnitzer Hof‹ befand, unter dem Vorwand auf die Straße gelockt, dass er in dem in der Nähe gelegenen Polizeirevier zu einer Befragung verlangt würde. Herr Goldschmidt leistete dieser Aufforderung ahnungslos Folge, da er sich nichts vorzuwerfen hatte. Anstatt ihn zum Polizeirevier zu führen, brachte man ihn in den berüchtigten Hansa-Haus-Keller[6], wo er, ohne jeden Grund, auf brutalste Weise misshandelt und schwer verletzt wurde. Nachdem die Misshandlungen vorüber waren, musste der aus zahlreichen Wunden stark blutende Verletzte noch eine Zeit lang dort in einer Kellerecke ›Werg zupfen‹ und wurde schließlich, blutüberströmt, in das Gebäude der Kreisleitung, an der Dresdner Straße, gebracht, wo er von dem Kreisgeschäftsführer [Herbert] Rehme noch mit einem Revolver bedroht wurde. Rehme äußerte sich dabei ungefähr wie folgt: ›Eigentlich könnt ich Dich Lump ja jetzt erschießen, aber die Kugel ist mir für Dich, Judenschwein, zu schade‹. […] Es gelang der Familie des Herrn Goldschmidt, ihn nach diesem bestialischen Überfall in die Schweiz zu schaffen, wo er monatelang in einem Krankenhaus zwischen Tod und Leben schwebte.«[7]

Louis Goldschmidt sollte den Boden der Stadt Chemnitz nicht wieder betreten. Nachdem er dank der Schweizer Ärzte wieder ins Reich der Lebenden zurückgeholt worden war, hielt er sich für einige Wochen im Hotel »National« in Luzern auf, wo er die nötige Erholung und Erneuerung fand. Danach lebte er eine Zeit lang im Hotel »Baur au Lac« in Zürich, wohin er auch für den 27. Oktober 1933 eine Gesellschafterversammlung einberufen hatte.

Abb. 6: Textil-Syndikat Chemnitz und Berlin, Visitenkarte, 1930, Sammlung Nitsche

Im Anschluss daran kehrte Goldschmidt nach Berlin zurück. **(Abb. 6)** Von dort aus leitete er weiterhin die Geschäfte der Textil-Syndikat GmbH und der »Tesyra« Verkaufsgesellschaft mbH. Laut Beschluss der Gesellschafterversammlung vom 30. September 1935 legt er zwei Tage später sein Amt als Geschäftsführer nieder, blieb jedoch weiterhin Hauptgesellschafter. Der Chemnitzer Kaufmann Erich Taube, der bereits seit dem Herbst 1933 stellvertretender Geschäftsführer war, wurde sein Nachfolger.

Anfang 1936 bereitete Goldschmidt seine Auswanderung aus Deutschland vor. So befand er sich damals eine Zeit lang in New York. Von dort traf er am 21. Februar 1936 in Southampton (England) ein. Anfang September 1936 verlegte Goldschmidt endgültig seinen Wohnsitz nach London (Prince Albert Road). Von dort aus stellte er bei der Devisenstelle Chemnitz den Antrag, die Generalvertretung für die gesamte Tätigkeit des Textil-Syndikates zu übernehmen. So war er damals auch in der Lage, die Streitigkeiten wegen einer Patentanmeldung mit der Firma Robert Götze in Oberlungwitz aus dem Weg zu räumen.

Dennoch konnte Goldschmidt den Zwangsverkauf seiner Geschäftsanteile an der Textil-Syndikat GmbH nicht abwenden. Die

»Tesyra« Verkaufsgesellschaft war bereits Ende 1937 liquidiert worden. Im Juli 1938 wurden diesbezüglich »ernsthafte und aussichtsreiche Verkaufsverhandlungen« mit der Dresdner Bank in Berlin geführt. Laut Industrie- und Handelskammer Chemnitz war das Textil-Syndikat im August 1938 jedoch noch immer als »jüdischer Gewerbebetrieb« anzusehen. In der Folgezeit wurde die Dresdner Bank Hauptanteilseigner. Goldschmidt, der »hochverschuldet« bei dieser Bank war, gab am 28. Dezember 1938 gegenüber dem Finanzamt Moabit-West an, dass er bereits zum 27. April 1938 »kein Vermögen« mehr besessen hätte. Und dies, obwohl er damals noch Geschäftsanteile in Höhe von 402.000 Mark besaß. Die »Arisierung«, die letztlich am 8. November 1938 von der Kreishauptmannschaft Chemnitz genehmigt worden war, änderte daran auch nichts.

Einige Monate später fand die Dresdner Bank in den Feinstrumpfgroßwerken August Robert Wieland Auerbach/E. – ARWA einen Käufer für das Textil-Syndikat. Der Textilingenieur Hans Thierfelder (1913–1987) wurde am 7. Februar 1940 Betriebsführer der ARWA-Tesyra Betriebsgemeinschaft. Die Zahl der Mitarbeiter ging in dieser Zeit zurück. Waren es Ende 1937 noch 402, so waren es Ende 1941 nur noch 359. Am 21. September 1943 wurde die Firma auf die Hans Thierfelder KG, vormals Textil-Syndikat, übertragen, Hauptanteilseigner war aber weiterhin ARWA. Das gesamte Unternehmen wurde 1946 enteignet.

Als der Zweite Weltkrieg begann, lebte Goldschmidt in Leek, einer Marktgemeinde in der Grafschaft Staffordshire. In der Zwischenzeit (1937) hatte er in Leicester eine neue Strumpffabrik gegründet. Mit Hilfe der Firma P. A. Bentley hatte er zuvor eine moderne Strumpfmaschine entwickelt, mit der er unter der Marke »Pantherella« hochwertige Damen- und Herrensocken[8] herstellen konnte.

Als ausländischer Staatsbürger blieb Goldschmidt im Herbst 1939 eine Internierung oder gar die Deportation nach Australien erspart. Das zuständige Tribunal hatte ihn am 6. November 1939 davon befreit. Am 3. Mai 1947 erhielt er die britische Staatsbürgerschaft. Im Jahr 1950 hatte er immer noch seinen Wohnsitz in Leicester. In den Jahren 1961/62 lebte er wieder in London. Zwei Tage nach seinem 74. Geburtstag starb der frühere Chemnitzer Unternehmer am 8. Januar 1962 im Stadtteil Marylebone. Gemäß seinem letzten Willen vermachte er die Hälfte seines Vermögens zwei jüdischen Seniorenheimen sowie einer Stiftung für Krebsforschung (Imperial Cancer Research Fund).

Anmerkungen

1 »Das Jüdische Hamburg« Ein historisches Nachschlagewerk, Herausgegeben vom Institut für die Geschichte der Deutschen Juden.

2 Ratsbauakten der Stadt Chemnitz / Bauaktenarchiv.

3 Ratsbauakten der Stadt Chemnitz / Bauaktenarchiv.

4 Staatsarchiv Chemnitz, 31318 Textil-Syndikat GmbH, Nr. 2.

5 Adreßbuch der Industrie- und Handelsstadt Chemnitz für 1924, Chemnitz 1924, S. 471.

6 Ob Franz Herrmann tatsächlich das »größte NS-Vereinslokal Sachsens«, wie die »Hansa-Haus-Gaststätten« damals in der NS-eigenen Werbung beworben wurden, meinte, steht sicher außer Frage. Es sei aber an dieser Stelle darauf hingewiesen, dass das frühere Lagerhaus Emden intern auch als »Hansa-Haus« bezeichnet wurde. Wenn Goldschmidt in das Kellergeschoss seiner Wirkungsstätte verschleppt worden wäre, hätte sich sein ehemaliger Mitarbeiter gewiss anders ausgedrückt, um den verbrecherischen Überfall zu beschreiben.

7 Archiv des Bundesbeauftragten für die Unterlagen des Staatssicherheitsdienstes der ehemaligen Deutschen Demokratischen Republik, Außenstelle Chemnitz. – Verhandlung gegen die Schläger aus dem Hansa-Haus, November 1948 (Zeugenaussage), Signatur ist nicht überliefert.

8 Pantherella-Socken erfreuen sich bis in die Gegenwart großer Beliebtheit, u. a. bei Colin Firth, Jeremy Irons, Donald Sutherland, Kenneth Branagh und Orlando Bloom.

HANS BERNSTEIN UND DIE MECHANISCHE WOLLWARENFABRIK »SACHSEN« K.G.

Zwickauer Straße 173

Baujahr(e): 1924/1925
Architekten: Kornfeld & Benirschke, Chemnitz
Bauausführung: Otto Hammer AG Chemnitz
Foto: Pressefoto Wolfgang Schmidt, Chemnitz, 2020

Die Firma Hans Bernstein im Stadtteil Kappel – Ein Entwurf des Chemnitzer Architekturbüros Kornfeld & Benirschke

Thomas Morgenstern

Ein markanter Bau aus den frühen »Goldenen Zwanzigern« fällt an der Zwickauer Straße schräg gegenüber vom Straßenbahndepot Kappel auf. Die Straßenfassade der bereits hier auf dem Buchtitel dargestellte Fabrik besticht durch die Schieferverkleidung der seitlichen Fassadenteile – wirkungsvoll kontrastierend mit dem großzügig angelegten Mittelteil und seinem expressionistischen Motiv der eleganten dreieckigen gläsernen Erker. Es handelt sich um den Fabrikkomplex der Mechanischen Wollwarenfabrik »Sachsen« KG des jüdischen Fabrikanten Hans Bernstein. Die Baupläne erstellte das Chemnitzer Architekturbüro Kornfeld & Benirschke Anfang 1924.

Der in Böhmisch-Schönberg geborene Architekt und Baumeister Karl Johann Benirschke (1877–1941) studierte bis 1902 in Wien bei Otto Wagner und wirkte danach im Rheinland. Er kam 1906 nach Chemnitz und bildete anfangs mit dem bereits in der Stadt ansässigen und ihm bekannten Kollegen Wenzel Bürger eine Bürogemeinschaft. Er heiratete 1909 die Chemnitzerin Ella Schubert. Das Architekturbüro Bürger & Benirschke errichtete einige Villen und Industriebauten in Chemnitz, wie das Fabrikgebäude der Gebrüder Becker, aber auch die Sparkasse und ein Postamt in Kufstein. Im April 1911 verließ Benirschke die Büropartnerschaft und schloss sich nur einen Monat später mit dem aus Gütersloh kommenden Zimmerermeister und Architekten August Kornfeld (1878–1967) zum Architekturbüro Kornfeld & Benirschke zusammen. Im Zeitraum von über zwei Jahrzehnten entstanden viele prägnante Gebäude in Chemnitz, die ihre Handschrift trugen. Dazu zählen neben vielen exklusiven Villen vor allem Industrie- und Gewerbebauten wie die Presto-Werke (1908/1915), die Erweiterungsbauten der Alfred Escher AG in Siegmar mit markantem Fabrikturm (1913/14), das Johanneum (1926), das Versicherungsgebäude »Deutscher Herold« an der Reichsstraße (1936) oder das Verwaltungsgebäude der Böhme-Fettchemie an der Neefestraße (1939). Die meisten dieser Bauwerke stehen heute unter Denkmalschutz. Nach Fertigstellung des großen Verwaltungsgebäudes der Fettchemie verstarb Karl Johann Benirschke. August Kornfeld war nach Kriegsende wie Max W. Feistel und Curt Am Ende mit der Rekonstruktion teilzerstörter Gebäude befasst. Ein großes Projekt war von 1951 bis 1954 der Wiederaufbau der zerstörten Bartning-Kirche St. Pauli-Kreuz auf dem Kaßberg – gemeinsam mit dem Chemnitzer Kirchenarchitekten Dr. Georg Laudeley (1901–1978).[1]

Die von Hans Bernstein erworbenen zwei Grundstücke Zwickauer Straße 173–175 waren mit je einem kleineren Wohnhaus und einem Nebengebäude bebaut. Im Januar 1924 stellte das Architekturbüro Kornfeld & Benirschke beim Baupolizeiamt und Stadterweiterungsamt Chemnitz die Anfrage, ob ein größerer Fabrikneubau an diesem Standort genehmigungsfähig wäre, ebenso wie der Abbruch der vorhandenen drei kleinen Bestandsgebäude. **(Abb. 1)** Nach dem positiven Bescheid begann umgehend die Bauplanung für das neue Fabrikgebäude. Die Baugenehmigung wurde durch die Stadt Chemnitz am 15. Juli 1924 erteilt, jedoch mussten noch brandschutztechnische Nachweise erbracht werden. Diese konnten dann im November 1924 per Nachtrag genehmigt werden. Mit der Bauausführung wurde die Otto Hammer AG Chemnitz beauftragt.

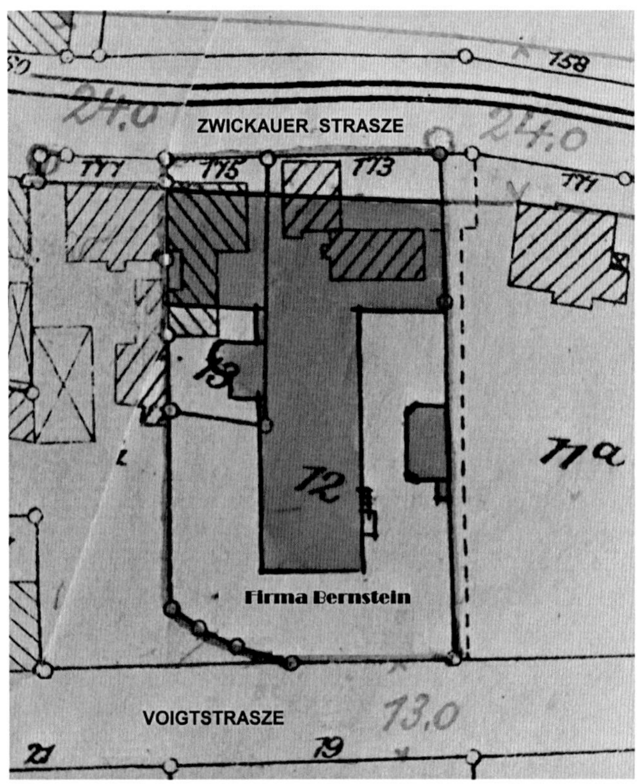

Abb. 1: Lageplan aus Bauantrag 1924, Ratsbauakte der Stadt Chemnitz

Auf nahezu T-förmigem Grundriss entstanden das repräsentative viergeschossige Vordergebäude in der Bauflucht der Zwickauer Straße mit 39 Metern Länge und das hofseitig mittig angebundene Hintergebäude in annähernd gleicher Höhe, mit 32 Metern Länge. Jede Etage hat eine Nutzfläche von ca. 900 Quadratmetern. Die Tragkonstruktion wurde in Stahlbeton-Rahmenbauweise mit nur einer Stützenreihe in der Mittellängsachse ausgeführt. Damit entstanden großzügige, flexibel nutzbare Produktionsräume auf den Hauptetagen. Der Rundling des Haupttreppenhauses mit Toiletten war genau an der westlichen »Nahtstelle« beider Gebäudetrakte

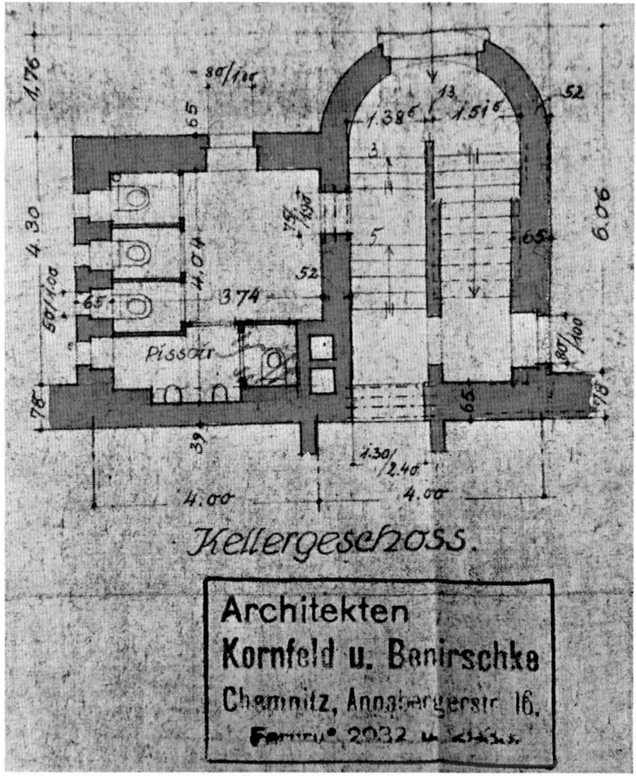

Abb. 2: Ausschnitt Kellergrundriss, Bauantrag 1924, Ratsbauakte der Stadt Chemnitz

angeordnet. **(Abb. 2)** Im weit herausgehobenen Keller- bzw. Sockelgeschoss waren im Vordergebäude Sozialräume für die Beschäftigten und im Hintergebäude Lagerräume untergebracht. Das erste Geschoss war vorn für die Kontorräume und im Hintergebäude für Appretur, Warenannahme und Versand konzipiert. Im zweiten und dritten Geschoss befanden sich die Strickmaschinensäle.[2] Die Vielzahl dreieckiger Glaserker an der Straßenfassade hatte neben dem gestalterischen Effekt auch einen überaus funktionellen: Diese brachten reichlich blendfreies Tageslicht von der Nordseite in die Produktionsräume, vergleichbar mit den Sheddächern von Industrie-

Abb. 3: Fassadendetail Glaserker, 2020, Pressefoto Wolfgang Schmidt, Chemnitz

hallen. In den geschosshohen Verglasungen waren zudem großflächige Lüftungsflügel vorgesehen. **(Abb. 3)** Für die Gestaltung der seitlichen Fassadenabschnitte und des Sockels wurde der zu dieser Zeit sehr beliebte graugrüne Harthauer Chloridschiefer verwendet. Die Schwere des Natursteins wird durch gleichartige, große Segmentbogenfenster und Gurtgesimse gebrochen. Das letzte Geschoss des Hauptgebäudes ist niedriger und nur verputzt. Es wurde als Attika-Geschoss stark zurückgesetzt, um die angrenzende Bebauung in der Trauflinie nicht zu sehr zu überragen.

Ende des Jahres 1937 beantragte der Architekt Willy Ahnert eine Baugenehmigung für innere Umbaumaßnahmen für die Sächsische Textilgesellschaft mbH.[3] Bei der Bombardierung der Chemnitzer Innenstadt im März 1945 blieb der Stadtteil Kappel weitestgehend unbeschädigt. In DDR-Zeiten war das ehemalige Fabrikgebäude Hans Bernstein Sitz des Rates des Stadtbezirkes West. Nach 1990 übernahm es die Sparkasse Chemnitz und eröffnete eine Filiale. Die oberen Geschosse wurden durch das Sozialamt der Stadtverwaltung genutzt. Um Parkplätze auf dem Hof zu schaffen, wurde leider der rückwärtige Baukörper eingekürzt. **(Abb. 4)** Inzwischen hat die Sparkasse ihre Filiale geschlossen und das Gebäude an die in vielen Industriebranchen und Technologiebereichen tätige TQ-Group verkauft.[4] Das Unternehmen nutzt nach erfolgten inneren Umbaumaßnahmen einen Teil der Räume selbst und hat einen Teil vermietet. Das Fabrikgebäude der Firma Hans Bernstein zählt zu den herausragenden Industriebauten der frühen 1920er Jahre in Chemnitz und steht heute unter Denkmalschutz.

Abb. 4: Hofansicht 2020, Foto: Thomas Morgenstern

Die Mechanische Wollwarenfabrik »Sachsen« in Kappel

Eine wechselvolle Geschichte

Jürgen Nitsche

Ein Spaziergang entlang der Zwickauer Straße verdeutlicht noch heute, wie aus einem einstigen Bauerndorf im Gefolge der Industrialisierung eine blühende Industriegemeinde wurde. Am 1. Oktober 1900 wurde Kappel nach Chemnitz eingemeindet. Zahlreiche Fabrikgebäude sind Beweis dafür, dass sich auch jüdische Unternehmer frühzeitig für Standorte in der Industrievorstadt entschieden hatten. Hans Bernstein, der aus Oberschlesien stammte, sei in diesem Zusammenhang als Beispiel angeführt. **(Abb. 1)**

Abb. 1: Hans Bernstein im Sessel, Privatfoto, um 1930, Privatbesitz

Im Jahr 1897 begann Bernstein gemeinsam mit dem aus Gelnhausen (Hessen) stammenden Kaufmann Louis Stern mit der Fabrikation von Wollwaren und Seidenstickereien in Mühlhausen (Thüringen). Mit dem Gesellschaftsvertrag vom 10. April 1899 wandelten sie ihr junges Unternehmen in

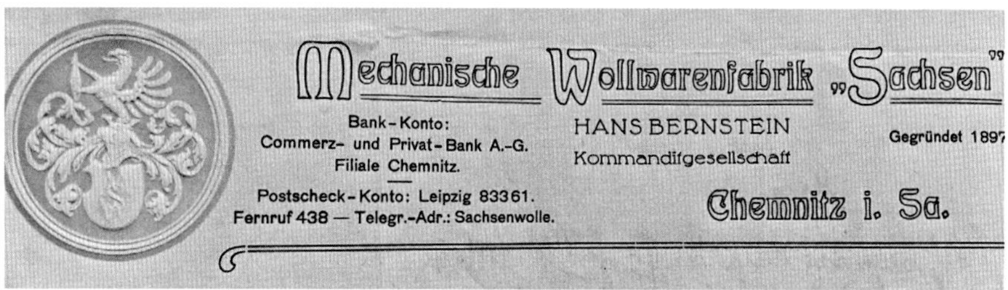

Abb. 2: Firmenbriefkopf, 1927, Ratsbauakte der Stadt Chemnitz

eine Gesellschaft mit beschränkter Haftung um. Wieso sich die Fabrikanten wenige Jahre später für einen Standortwechsel entschieden, ist nicht überliefert.

Ende August 1902 verlegte Hans Bernstein seinen Wohnsitz nach Chemnitz. Möglicherweise hatte ihm sein älterer Bruder Adolf, der in den Jahren 1888/89 in der aufstrebenden Industriestadt gelebt hatte, von deren Vorzügen berichtet. Louis Stern traf eine Woche später hier ein. Am 9. September 1902 ließen die Kaufleute die Mechanische Wollwarenfabrik Gesellschaft mbH in das Handelsregister des Amtsgerichts Chemnitz eintragen. Louis Stern wurde Geschäftsführer. **(Abb. 2)**

Der Firmensitz befand sich zunächst im Erdgeschoss des Hauses Zwickauer Straße 117, das dem Kaufmann Wilhelm Sachs, dem ersten Vorsitzenden des *Provisorischen Israelitischen Vereins*[5], gehörte. Louis Stern schied bereits Anfang 1904 aus der Gesellschaft aus. Hans Bernstein war nunmehr alleiniger Inhaber der Mechanischen Wollwarenfabrik. Am 30. August 1907 erhielt er die Bürgerrechte der Stadt Chemnitz. Im selben Jahr erwarb er das viergeschossige Geschäfts- und Wohnhaus Zwickauer Straße 138, zu dem noch ein Hintergebäude gehörte, und verlegte Verwaltung und Fertigstellung dorthin.
Hans Bernstein, der zunächst eine Wohnung am Kapellenberg (Goethestraße 2) bezogen hatte, vermählte sich im Juli 1905 in Neu-

brandenburg (Mecklenburg) mit der aus dieser Stadt stammenden, um zwölf Jahre jüngeren Pferdehändlertochter Selma Heine.[6] In den Folgejahren wurden ihnen drei Kinder geboren. Nachdem im April 1906 Tochter Käthe das Licht der Welt erblickt hatte, entschlossen sich die Eheleute, im ersten Obergeschoss des Hauses Zwickauer Straße 138 zu wohnen. Im Januar 1916 wurde ihr erster Sohn Fritz geboren. In den Folgejahren bemühte sich Hans Bernstein, für seine nunmehr vierköpfige Familie ein geeignetes Haus am Kapellenberg zu suchen. Seine Wahl fiel schließlich auf eine 1908 erbaute Villa, die sich bis dahin im Besitz des Fabrikanten Emil Oswald Einenkel befunden hatte. Noch bevor mit Karl-Ludwig im Mai 1920 der zweite Sohn auf die Welt kommen sollte, war die Familie in das dreigeschossige Haus Parkstraße 48 mit einer Fläche von immerhin 253 Quadratmetern gezogen. Das Grundstück, zu dem auch ein modern gestalteter Garten **(Abb. 3)** gehörte, befand sich in unmittelbarer Nachbarschaft zu den beeindruckenden Villen Esche und Kohorn (ehemals Hempel).

Hans Bernstein gehörte dem einflussreichen Verein *Chemnitzer Kunsthütte* an. Darüber hinaus engagierte er sich auch innerhalb des 1903 ins Leben gerufenen *Israelitischen Hilfsvereins*. Möglicherweise hatte dies später Rabbiner Dr. Hugo Fuchs dazu veranlasst, ihn zu den jüdischen Männern zu zählen, die »stets für soziale Arbeit« innerhalb der Israelitischen Religionsgemeinde gestanden hätten. Selma Bernstein wirkte innerhalb der 1925 in Chemnitz gegründeten Ortsgruppe des *Jüdischen Frauenbundes* mit, deren Beisitzende sie eine Zeit lang war.

Die Mechanische Wollwarenfabrik geriet gegen Ende des Ersten Weltkrieges in wirtschaftliche Schwierigkeiten, was im Februar 1917 die Auflösung der GmbH zur Folge hatte. Das Amtsgericht setzte Bernstein zum Liquidator seiner eigenen Firma ein. Im gleichen

Monat gründete er unter dem Namen Mechanische Wollwarenfabrik »Sachsen« Hans Bernstein eine Nachfolgefirma. Als Produktionsprofil gab er »Wollwaren, Sweaters, gestrickte Ärmelwesten« an. Neben zwei Mitarbeitern im Kontor beschäftigte er damals 33 Personen, die unmittelbar im Geschäft, das sich immer noch im Haus Zwickauer Straße 138 befand, ihren Arbeitsplatz hatten. Darüber hinaus waren noch 31 Frauen in Heimarbeit für ihn tätig.

Abb. 3: Villa Hans Bernstein, Blick in den Garten, um 1930, Privatbesitz

Hans Bernstein bemühte sich in der Folgezeit auch um eine weitere unternehmerische Perspektive. Als sich im März 1919 der Chemnitzer Kaufmann Wilhelm Lindemann dazu entschlossen hatte, ein Geschäft zu eröffnen, um mit Mineralöl und verwandten Artikeln zu handeln, betrachtete er diese als gekommen. Bernstein erklärte sich bereit, Teilhaber zu werden. Das neue Handelsgeschäft konnte sich aber in Chemnitz nicht etablieren und wurde schon im Januar 1920 wieder aus dem Handelsregister gelöscht. Im Januar 1922 wurde er vorübergehend Mitgesellschafter einer Färberei in Mittweida-Neudörfchen.[7]

Im Mai 1922 fasste Bernstein den Beschluss, die Wollwarenfabrik in ein Familienunternehmen umzuwandeln. Zu diesem Zwecke ließ er seine Kinder als gleichberechtigte Kommanditisten in das Handelsregister eintragen. Die Firma nannte sich fortan Mechanische Wollwarenfabrik »Sachsen« Hans Bernstein Kommanditgesellschaft.

Die Mechanische Wollwarenfabrik entwickelte sich Mitte der 1920er Jahre zu einem aufstrebenden, prosperierenden Textilunternehmen in Chemnitz. Im Juli 1924 konnte Hans Bernstein endlich die Liquidation der früheren GmbH zu einem befriedigenden Abschluss bringen. Dieser Schritt erlaubte dem Fabrikanten jetzt, neue unternehmerische Ziele zu verwirklichen. So verfolgte er vermutlich schon seit längerer Zeit das Ziel, ein größeres Fabrikgebäude, in dem bis zu 300 Mitarbeiter beschäftigt werden sollten, zu erbauen. Zu diesem Zwecke erwarb Bernstein die Hausgrundstücke Zwickauer Straße 173/175, die sich seit November 1898 im Besitz des Chemnitzer Kaufmanns Julius Feodor Wilhelm Böhmer, einst Inhaber einer Schokoladen- und Zuckerwarenhandlung, befanden.

Die Einweihung des Neubaus stellte sowohl den Höhepunkt in der Entwicklung der Mechanischen Wollwarenfabrik als auch den baldigen Beginn ihres Niederganges dar. Und dies, obwohl Bernstein anfangs einen Teil des Gebäudes an die »Tetra«-Aktiengesellschaft, die sich mit der Herstellung hygienischer Gewebe befasste, vermietete. Später füllten die Sächsische Textilgesellschaft mbH und die Stoffhandschuhfabrik Beyreuther & Nixdorf den Leerstand im Erdgeschoss. Die hohen Kosten für den imposanten Industriebau und die beginnende Weltwirtschaftskrise im Winter 1929/30 führten letztlich dazu, dass erneut das Damoklesschwert der Liquidation über Bernsteins Firma schwebte. Daher wurde im August 1931 zur Abwendung des Konkurses ein Vergleichsverfahren am Amtsgericht Chemnitz eröffnet. Zwei Monate später wurde dennoch die Liquidation der Firma eingeleitet.

Im Juni 1934 wurde Hans Bernstein Opfer einer widerlichen Verleumdungskampagne im *Stürmer*. Das NS-Hetzblatt, das sich das »deutsche Wochenblatt zum Kampfe um die Wahrheit« nannte, berichtete in einem längeren Leitartikel über »den Rassenschänder von Chemnitz« und meinte damit den »Juden Bernstein«.[8] Infolge dieser Hetze und zunehmender wirtschaftlicher Schwierigkeiten sahen sich Hans und Selma Bernstein zuerst gezwungen, ihre herrschaftliche Villa aufzugeben. Der Chirurg und Frauenarzt Dr. Adolf Rupp erwarb das Hausgrundstück im November 1934. Die Eheleute bezogen daraufhin eine Wohnung im Haus Horststraße 3. Ihre Kinder verließen in dieser Zeit das Land. Auch Hans Bernstein sah keinen anderen Ausweg. Neben Frankreich und der Schweiz kam für ihn sogar Afrika als »Reiseziel« in Frage. Jedoch war er gezwungen, zunächst den Abschluss des erforderlichen Liquidationsverfahrens abzuwarten. Erst nachdem eine zur Liquidationsmasse gehörende Hypothek eingelöst wurde, konnte das Verfahren Ende April 1937 beendet werden. Die Mechanische Wollwarenfabrik »Sachsen«, die seit fast 40 Jahren die Chemnitzer Industrielandschaft bereichert hatte, wurde im September 1937 aus dem Handelsregister des zuständigen Amtsgerichts gelöscht.

Die Fabrikgebäude, die sich seit April 1933 im Besitz der Bayerischen Hypotheken- und Wechsel-Bank in München befanden, wurden im Oktober 1936 an den Kaufmann Karl Georg Fritz Zorn in Siegmar-Schönau verkauft. Die Kunstseidengroßhandlung Bruno Tautenhahn, die selbst das erste Obergeschoss nutzte, erwarb den Fabrikkomplex einige Monate später. Im Jahr 1939 konnten endlich auch das zweite und dritte Obergeschoss vermietet werden. Die Leitung der Merkur AG, wie sich die Schocken AG nach der »Arisie-

STRUMPFFABRIK SCHOCKEN, SIEGMAR-CHEMNITZ

81 Standard-Strickmaschinen und 4 Cotton-Maschinen stellen jede Woche 12 000 Paar Strümpfe her. Der Verkauf der produzierten Strümpfe erfolgt lediglich in den Zweigniederlassungen des Schocken-Konzerns.

1. DER ROHSTOFF:

Mako-Gespinste (ägyptische Baumwolle) auf Copsen, vorbereitet für die Spulmaschine.

2. DIE MASCHINE:

Eine der 14 m langen Cotton-Maschinen stellt zu gleicher Zeit 24 Strümpfe her.

3. DAS ROHFABRIKAT:

Strümpfe, wie sie die Maschine liefert, fertig zum Färben und Appretieren.

1. Der Rohstoff

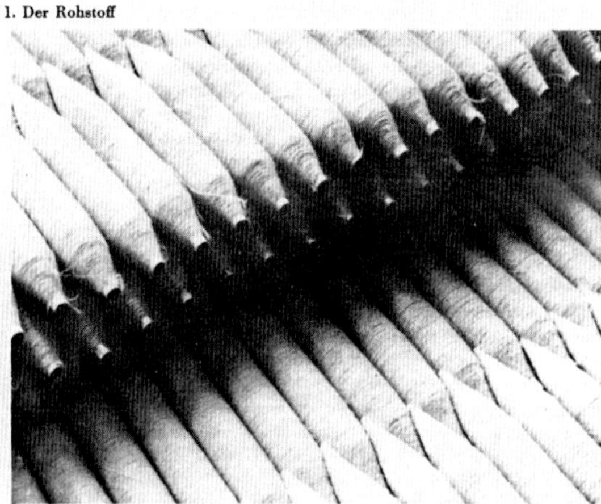

Die Photos entstammen einer Bilderreihe, aufgenommen in den Betrieben der Schocken Kommandit-Gesellschaft auf Aktien durch den Lichtbildner Renger-Patzsch (Deutscher Werkbund).

2. Die Maschine

3. Das Rohfabrikat

Abb. 4: Informationsblatt der Strumpffabrik Schocken in Siegmar, Mitteilungen der Schocken KG, 1928

rung« nannte, hatte sich entschieden, ihre Strumpfproduktion, die sich bis Februar 1928 in Siegmar befand, wieder nach Chemnitz zu verlegen. **(Abb. 4)** Die leerstehenden Obergeschosse boten genügend Fläche, um dort die Produktion – wenn auch mit Einschränkungen – wieder aufzunehmen.[9] Als im Frühjahr 1942 kriegsbedingt eine Anzahl von Strumpffabriken reichsweit stillgelegt wurde, betraf dies auch die Fabrik der Merkur AG in Chemnitz. Ihr Betrieb wurde am 25. April 1942 eingestellt. Das Durchgangs- und Verteilungslager blieb jedoch weiter bestehen. Im Nachhinein ist bemerkenswert, dass die Nachfrage nach schwarzen Damenstrümpfen in dieser Zeit zunahm, was Rückschlüsse auf den Kriegsverlauf erlaubte.

Hans und Selma Bernstein lebten zu dieser Zeit bereits in Kalifornien. Am 25. Mai 1938 waren sie nach Frankreich ausgewandert, wo sie vorübergehend in Nizza eine neue Heimat fanden. Am 29. März 1943 war es ihnen und ihrem Sohn Karl, der von Holland aus zu ihnen gestoßen war, erlaubt worden, von Havanna aus mit einem Luftschiff in die USA einzureisen. Aus der Ferne hatten sie erleben müssen, wie ihr ehemaliges Anwesen auf dem Kapellenberg an den Chemnitzer NS-Wehrwirtschaftsführer und Fabrikdirektor Heinrich Stelgens (Sächsische Textilmaschinenfabrik, vorm. Richard Hartmann AG) weiterverkauft wurde.

Dem von den Entbehrungen geschwächten Hans Bernstein war es noch vergönnt, den Zusammenbruch des »Dritten Reiches« zu erleben. Seine ehemalige Villa war in den letzten Kriegsmonaten von Bomben der angloamerikanischen Luftstreitkräfte getroffen und zerstört worden. Das Grundstück wurde nach Befehl 124 der Sowjetischen Militäradministration in Deutschland (SMAD) vom 30. Oktober 1945 beschlagnahmt und später in »Eigentum des Volkes« umgewandelt.[10] Hans Bernstein starb am 10. März 1948 in Berkeley (Kalifornien). Seine Witwe, die im April 1951 die US-Staatsbürgerschaft erhielt, überlebte ihn um über 20 Jahre. Selma Bernstein verstarb am 4. Oktober 1970 in Oakland (Kalifornien).

Eine Tafel, die einst im Rahmen des Gedenkpfades »Spuren einer Chemnitzer Industrielandschaft« vom Beruflichen Bildungs- und FörderCentrum Phönix im Eingangsbereich angebracht wurde, erinnert an die bewegte Geschichte des ehemaligen Fabrikbaus.

Anmerkungen

1 Archivunterlagen der Denkmalschutzbehörde der Stadt Chemnitz.

2 Ratsbauakten der Stadt Chemnitz zum Objekt, Bd. I / Bauaktenarchiv.

3 Ratsbauakten der Stadt Chemnitz zum Objekt, Bd. I / Bauaktenarchiv.

4 Objektakte der Denkmalschutzbehörde der Stadt Chemnitz.

5 Aus dem 1874 gegründeten Provisorischen Israelitischen Verein ging elf Jahre später die Israelitische Religionsgemeinde Chemnitz hervor.

6 Vgl. Michael Buddrus und Sigrid Fritzlar: Juden in Mecklenburg 1845–1945. Lebenswege und Schicksale, Bd. 2, Schwerin 2019, S. 69 f.

7 Vgl. Jürgen Nitsche: Juden in Mittweida. Eine Spurensuche, Mittweida 2018, S.232–235.

8 Der Stürmer. Deutsches Wochenblatt zum Kampfe um die Wahrheit, Nürnberg, Nr. 25, Juni 1934, S. 1 f.

9 U. a. wurden in der Fabrik Damenstrümpfe der Marke TAMARA hergestellt.

10 Seit Dezember 2019 erinnert ein Stolperstein am ehemaligen Standort der Villa Hans Bernstein an Fritz Bernstein, der als Mitglied eines Pionierkorps vor allem Bau- und Nachschubtätigkeiten für die britischen Streitkräfte auszuführen hatte. Er starb am 4. August 1942 in einem Militärhospital in Wales.

DIE HANDSCHUHFABRIK DER GEBRÜDER BECKER IN ALTCHEMNITZ

Crusiusstraße 4 / Annaberger Straße

Umbau: 1929/1930
Architekt: Erich Basarke, Chemnitz
Abb.: Altes Fabrikgebäude, Kunstgewerbeverein Chemnitz, 1912

Die Gebrüder Becker und ihr »Industriepalast« in Altchemnitz

Jürgen Nitsche

Vor 90 Jahren (1930) verlegte die Firma Gebrüder Becker, die den Weltruf der sächsischen Stoffhandschuhindustrie mit begründet hatte, ihren Betrieb aus dem Grundstück Annaberger Straße 77 **(Abb. 1)** in das Grundstück Crusiusstraße 4. Dort befanden sich bis dahin die Ende des 19. Jahrhunderts errichteten und um 1905 erweiterten Fabrikgebäude der Zwirnerei und Nähfadenfabrik Hermann Dignowity Aktiengesellschaft.

Auch diese Fabrikationsstätte lag im Industrieviertel Altchemnitz, wo die Firmen Schubert & Salzer, Marschel Frank Sachs, Bachmann & Ladewig und viele andere bekannte Firmen seit Jahren ihren Sitz hatten. »Anlage und Ausstattung des neuen Betriebes machten dem Chemnitzer Architekten Erich Basarke alle Ehre«, hieß es in einem ausführlichen Bericht in der Berliner *Textil-Zeitung* **(siehe S. 157–162)**. Konkret hieß dies, dass er für den inneren Umbau und die Überformung des Mitteltraktes (Querflügel) verantwortlich war.

Die Einweihung der umgebauten Fabrikanlage fand am 4. Juni 1930 vor einem Kreis geladener Gäste aus Politik und Wirtschaft sowie Vertretern der Israelitischen Religionsgemeinde statt. Wie die Eröffnung des Kaufhauses Schocken (15. Mai 1930) fand dies auf dem Höhepunkt der Weltwirtschaftskrise statt. Die erschienenen Ehrengäste waren Beweis dafür, dass die Firma damals großes Ansehen in der Stadt genoss. So betonte der Oberbürgermeister Walter Arlart in seiner Ansprache, dass »der neue Industriepalast

Abb. 1: Neues Fabrikgebäude, Privatbesitz

der Stadt Chemnitz zur Zierde« gereichen würde. Chemnitz, das während der Weltwirtschaftskrise besonders unter der wirtschaftlichen Not litt, wäre und bliebe »eine Industriestadt«. Eine überlieferte Farbzeichnung zeigt noch heute, wieso Arlart das Gebäude mit einem Industriepalast verglich.

Zur Vorgeschichte: Das Unternehmen wurde am 1. Juli 1883 von den Brüdern Eduard und Adolf Becker, »zwei verdienstvollen Bahnbrechern der sächsischen Handschuh-Industrie«, in bescheidenem Umfange gegründet. Der Firmensitz befand sich anfangs in der Bernsbachstraße (heute Fritz-Reuter-Straße) 12. Durch Fleiß und Tatkraft gelang es den Gründern sehr bald, das Unternehmen auf eine breitere Basis zu stellen. In den Jahren 1906/07 konnte ein neu-

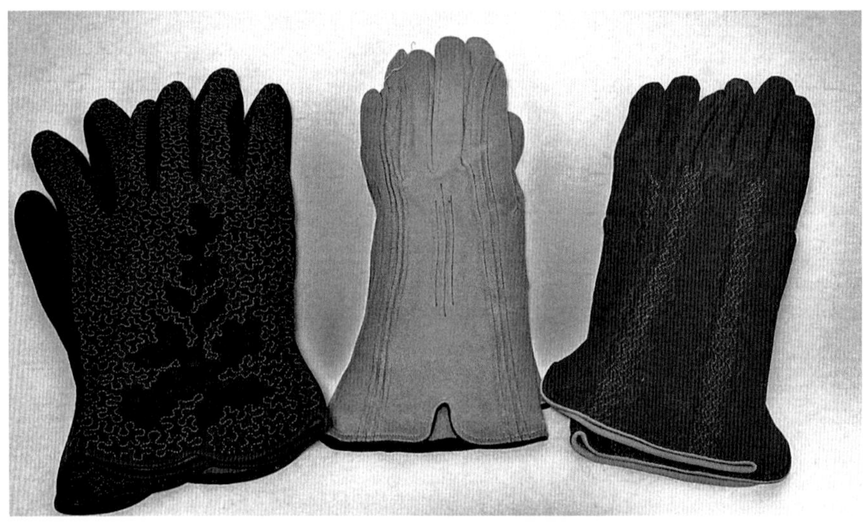

Abb. 2: Handschuhe par Excellence, Jüdisches Museum Berlin

er Fabrikbau in der Annaberger Straße 77 von den Architekten Wenzel Bürger und Karl Johann Benirschke errichtet werden.[1] Die Firma nahm weiter eine günstige Entwicklung, sodass auch diese Betriebsstätte bald zu klein wurde und zur Vergrößerung zwang.

Der Hauptgrund für die Schaffung größerer und modernerer Räume war vor allem die Steigerung der Leistungsfähigkeit der Betriebe. Der mit den neuesten Maschinen ausgestattete Großbetrieb in der Crusiusstraße umfasste 24.000 Quadratmeter. In hellen Räumen, die den höchsten Standards des damaligen Arbeitsschutzes entsprachen, wurden elegante Handschuhe hergestellt, die sowohl von »zarten Damenhänden« als auch von der »eleganten Herrenwelt« in vielen Ländern getragen wurden. Besonders die Handschuhe in Leder- und Wildleder-Imitationen wurden von den Kunden sehr geschätzt. **(Abb. 2)** Die Firma stellte u.a. die bekannten BEDOWA-Fabrikate her.

Nach dem Tod der Begründer traten Karl und Arthur Becker, die Söhne von Eduard Becker, in die Firma ein. Die Brüder führten das Unternehmen in den 1920er Jahren zu neuem Aufschwung. Die Garne bezogen sie weiterhin aus England, der Schweiz und Italien. Neben umfangreicher Belieferung des Binnenmarktes wurde ein beträchtlicher Export nach England und Amerika, Skandinavien und den meisten anderen »Kulturstaaten«, wie es damals hieß, betrieben. Die Firma verfügte über eine vorbildlich ausgebaute Verkaufsorganisation und durch einen großen Stab von Vertretern und Reisenden hielt sie eine stetige persönliche Fühlung mit der Kundschaft aufrecht. Gute Passform, einwandfreie Konfektion und vorteilhafte Farbsortimente verhalfen den Fabrikaten zu ihrem Weltruf.

Abb. 3: Lagerraum, Industrielle Welt, München 1933

Abb. 4: Karl Becker, Porträt, 1933, Jüdisches Museum Berlin

Die Firma Gebrüder Becker war auch die erste, die in Chemnitz die Maratti-Maschinen (Erfinder: S. A. Maratti, Schweiz) in der Handschuhindustrie einführte. Sie unterhielt auch das größte und bestsortierte Lager an Handschuhen in Deutschland. **(Abb. 3)**

Bereits im Mai 1911 war Karl Becker **(Abb. 4)** Prokurist der Firma geworden. Im November 1916 vermählte sich der Unternehmer mit Erna Lucie Bernstein, der Tochter des Fabrikanten Julius Bernstein. Die Eheleute zogen in die herrschaftliche Villa Parkstraße 22, die seit Juli 1915 im Besitz der Familie war. Karl Becker beauftragte Erich Basarke, das Interieur der in den späten 1880er Jahren erbauten Villa meisterhaft umzugestalten.

Arthur Becker wurde im Januar 1919 Teilhaber der Firma. **(Abb. 5)** Wenig später vermählte sich der damals knapp 30-jährige Unternehmer mit der aus Leipzig stammenden Charlotte Clara Frank. Die Eheleute zogen in das Haus Goetheplatz 3. Die Villa hatte sich bis 1925 im Besitz des Fabrikanten Georg Hilscher befunden.

Im August 1924 gründeten die Brüder die OHG Eduard Becker Söhne als »eine Absonderung der Firma Gebrüder Becker«. Als Unternehmensgegenstand ließen sie »Strumpfwarenfabrikation und Großhandel« in das Handelsregister eingetragen. Die gesamte

Palette der Strumpf- und Wirkwaren wurde in Jahnsdorf (Erzgebirge) hergestellt, nachdem die Brüder die dortige Firma H. F. Mauersberger übernommen hatten. Verwaltung und Appretur befanden sich weiterhin in der Beckerstraße 27–29. Beide Werke wurden im Mai 1927 in die Eduard Becker Söhne Aktiengesellschaft mit einem Grundkapital von einer Million RM überführt.

Abb. 5: Arthur Becker, Porträt, 1933, Jüdisches Museum Berlin

Neben den Brüdern gehörte u.a. der Rechtsanwalt Dr. Arthur Weiner dem Aufsichtsrat an.[2] Nach dessen Ermordung in der Nacht zum 11. April 1933 verlegten Karl und Arthur Becker mit ihren Familien im September 1933 ihren Wohnsitz nach Amsterdam. Der Rechtsanwalt Dr. Willy Schumann (1884–1957), bisher Weiners Sozius, wurde neuer Aufsichtsratsvorsitzender.

Ende 1934 wurde die Firma Gebrüder Becker ebenfalls in die Eduard Becker Söhne AG überführt. Nachdem der ehemalige Vorstandsvorsitzende Fritz Kirsch sowie die Prokuristen Otto Wolfsheimer und Günther Nothmann, die jüdischer Herkunft waren, im Oktober 1937 aus der Firma »entfernt« wurden, konnte die »Arisierung« zügig vorangetrieben werden. Das gesamte Aktienkapital war bis April 1938 »in deutsche arische Hände« übergegangen, wie einer Meldung der neuen Betriebsführer an die Industrie- und Handelskammer Chemnitz zu entnehmen war. Am 10. Juni 1938 wurde das Unternehmen schließlich in Becker-Werke Aktiengesellschaft

(Abb. 6) umbenannt. Kurt Viertel, der seit Frühjahr 1927 als Prokurist für das Unternehmen tätig war, wurde alleiniger Vorstand und Betriebsführer. Sein Stellvertreter wurde der Kaufmann Max Kretschmann in Neukirchen. Dr. Willy Schumann blieb weiterhin Vorsitzender des Aufsichtsrates.

In den Werken waren zum 1. März 1938 556 Arbeiter und Angestellte beschäftigt, von denen eine Vielzahl schon seit Jahrzehnten im Dienst des Hauses stand. **(Abb. 7)** Darüber hinaus arbeiteten 50 Frauen und ein Mann in Heimarbeit für die Firma.

Im Jahr 1941 konnte Dr. Schumann eine erneute Firmenänderung abwenden. Das Amtsgericht hatte dies angesprochen, um Verwechslungen mit dem Kaufmann und Fabrikanten Christian Gottfried Becker (1771–1820) zu vermeiden. Dr. Schumann bemerkte dazu: »Bei der Arisierung ist im April 1938 eine Firmenänderung erfolgt. Die Becker-Werke liegen mit einem Werke an der Beckerstraße. Der Name Becker ist arisch und besonders in Chemnitz eingeführt. Die Exportinteressen verbieten eine Firmenänderung, wenn sie irgendwie vermieden werden kann.«[3] Schon bei der ersten Umfirmierung wären erhebliche Kosten entstanden.

Die Firma selbst wurde nach Kriegsende zunächst als Becker Werke AG weitergeführt, bevor sie 1953 volkseigen wurde. Der Betriebszweig Handschuh (ehemals Beckerhandschuh, Werk I) ging an das Clara-Zetkin-Werk in Burgstädt über, der Betriebszweig Strümpfe (ehemals Beckerstrumpf, Werk II) hieß nunmehr Ideal-Werke, Altchemnitzer Strumpffabrik.

Im Auftrag der ehemaligen Firmeninhaber veranlasste Kurt Viertel als Direktor im Dezember 1946 die erneute Pflege der beeindruckenden Grabstätten der Familie Becker auf dem Jüdischen Friedhof in Altendorf. Karl Becker war bereits am 19. August 1939 in einem Hotel in Montreal (Kanada), wohin er im April 1939 emigriert

Reichsmark 1000.–

Becker-Werke Aktiengesellschaft
Chemnitz

1000 Reichsmark

№ 01041

AKTIE
ÜBER
EINTAUSEND REICHSMARK

Der Inhaber dieser Aktie ist für den Betrag von Eintausend Reichsmark bei der Becker-Werke Aktiengesellschaft in Chemnitz als Aktionär mit allen satzungsmäßigen Rechten und Pflichten beteiligt. — Chemnitz, im Dezember 1941.

Becker-Werke Aktiengesellschaft

Der Aufsichtsrat — Der Vorstand

Vorsitzer

Eingetragen in das Aktienbuch
Seite

Kontrollbeamter

Leipzig – GIESECKE & DEVRIENT – Berlin

Abb. 6: Aktie, Ausgabe: Dezember 1941, Sammlung Nitsche

Abb. 7: Belegschaft, 1923, Jüdisches Museum Berlin

war, verstorben. Arthur Becker überlebte ihn um fast 50 Jahre, er verstarb im Februar 1988 in Hollywood (USA).[4]

Während der Luftangriffe im Frühjahr 1945 war der einstige »Industriepalast« zu 70 Prozent zerstört worden. Das Restgebäude mit abgebranntem Mansarddach erhielt später eine Aufstockung.

Ein Chemnitzer Industriepalast

vom Korrespondenten der Textil-Zeitung (Berlin) – Chemnitz, 3. Juni 1930[5]

Die Firma Gebrüder Becker, die den Weltruf der sächsischen Stoffhandschuhindustrie mit begründet und gefestigt hat und heute mit an der Spitze sämtlicher Stoffhandschuhfabriken des Kontinents steht, hat ihren Betrieb aus dem Grundstück Annaberger Straße 77 in das Grundstück Crusiusstraße 4, Ecke Annaberger Straße verlegt und aus diesem Anlass am Dienstagmittag in den Verwaltungsräumen eine Feier veranstaltet, bei der man Gelegenheit hatte, die großartige aufs modernste eingerichtete Fabrikanlage zu besichtigen. **(Abb. 1)** Bei dem Rundgang gewann man die Überzeugung, dass die Fabrikate der Firma mit Recht Weltruf genießen. Eine mustergültige Fabrikation, die alle modischen Strömungen berücksichtigt, in der Musterung für die ganze Branche tonangebend ist und ständig das größte und reichhaltigste Handschuhlager des Kontinents unterhält. Der neue Betrieb liegt im Industrieviertel, wo die Firmen Schubert & Salzer, G. Hilscher, Marschel Frank Sachs AG, Bachmann & Ladewig, Kohorn & Co., die Gebrüder Sussmann AG und viele andere weltberühmte Firmen ihren Sitz haben. Anlage und Ausstattung des neuen Betriebes machen dem Chemnitzer Architekten Erich Basarke alle Ehre.

Nachdem bereits am Montag eine Feier für die Angestellten und Arbeiter stattgefunden hatte, erfolgte am Dienstagmittag die offizielle Einweihung vor einem Kreis geladener Gäste, unter denen sich u. a. Oberbürgermeister Arlart, Stadtverordnetenvorsteher Schiersand, Stadtbaurat Otto, Präsident Lucke von der Oberpostdirektion Chemnitz, Reichsbahndirektor Weber, Fritz Vogel i. Fa.

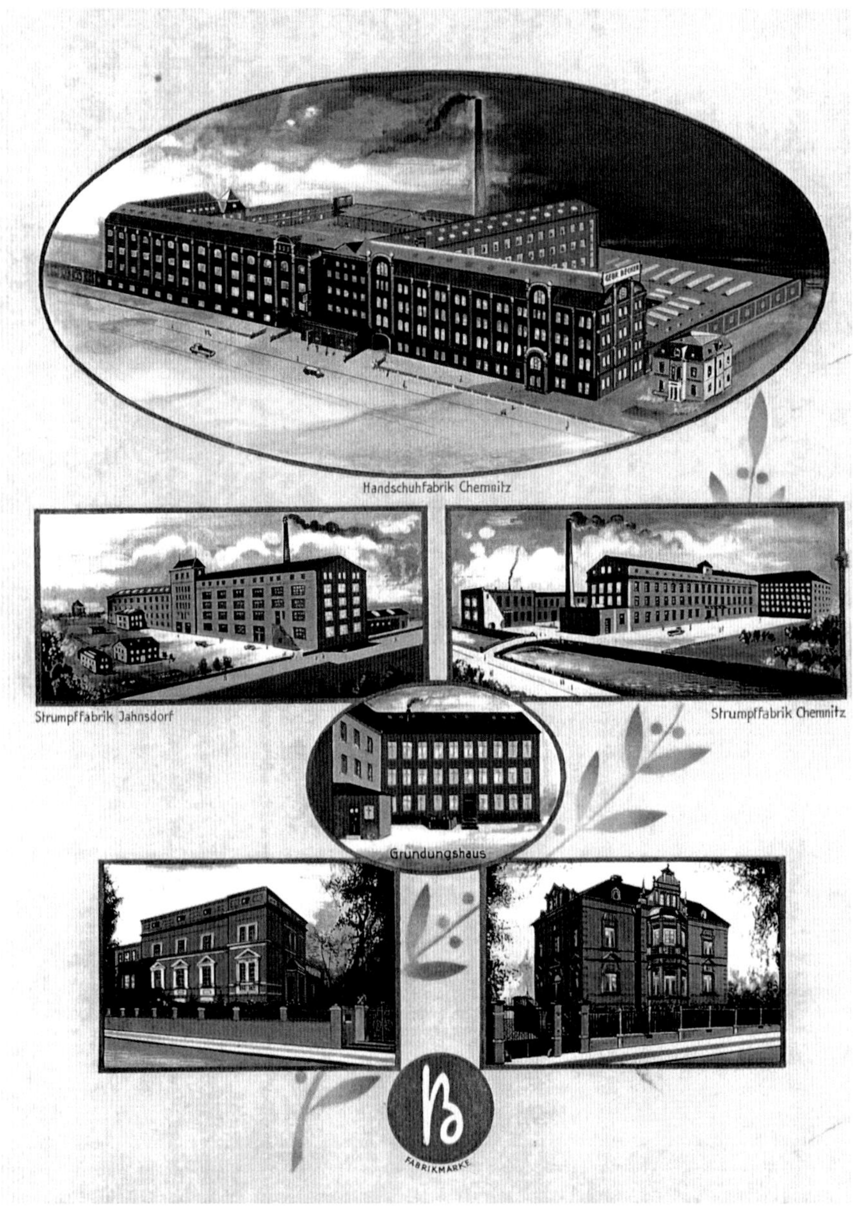

Abb. 1: Die Gebrüder Becker und ihre Industriebauten, Fotomontage, 1930, Jüdisches Museum Berlin

Wilhelm Vogel als Vertreter des *Verbandes Sächsischer Industrieller* und der Chemnitzer Industrie- und Handelskammer, Großkaufmann Hans Stickel als Vertreter des Großhandelsverbandes, zahlreiche Bankdirektoren, Leiter großer Konzerne und Verkaufsvereinigungen usw.

Karl Becker, der zurzeit mit seinem Bruder Arthur Inhaber der Firma ist, begrüßte die Erschienenen und gab einen kurzen Rückblick auf die Entwicklung des Unternehmens. Es wurde 1883 von Eduard und Adolf Becker in bescheidenem Umfange gegründet. Durch Fleiß und Tatkraft gelang es den Gründern sehr bald, das Unternehmen auf eine breitere Basis zu stellen. In den Jahren 1906/07 konnte der Fabrikbau in der Annaberger Straße 77 errichtet werden. Die Firma nahm weiter eine günstige Entwicklung, so dass auch diese Betriebsstätte für die Zwecke des heutigen Unternehmens zu klein wurde und zur Vergrößerung zwang. Von jetzt ab werden Verwaltung und Fabrikation im neuen Werk ausgeübt. Der Hauptgrund für die Schaffung größerer und modernerer Räume war vor allem die Steigerung der Leistungsfähigkeit der Betriebe. Der Maschinenpark wurde vollkommen verjüngt und rationalisiert. **(Abb. 2)** Alle unnötigen Arbeitsgänge sind vermieden, um so preiswert wie möglich zu fabrizieren. Trotz der schwierigen wirtschaftlichen Verhältnisse gehe man mit einem gewissen Optimismus der Zukunft entgegen, zumal man glaube, allen Anforderungen gegenüber gerüstet zu sein. Nach der Schilderung des schwierigen und langwierigen Prozesses des Herstellung von Stoffhandschuhen teilte Karl Becker mit, dass die Fabrikation der dem Unternehmen nahestehenden Eduard Becker & Söhne AG unverändert in Jahnsdorf im Erzgebirge vor sich gehe, während sich die Verwaltung dieser Gesellschaft unverändert in Chemnitz, Beckerstraße 27/29, befinde.

Abb. 2: Moderne Maschinen in der Wirkerei, Industrielle Welt, München 1933

Fritz Vogel gab als Vertreter des *Verbandes Sächsischer Industrieller*, zu dessen treuesten Mitgliedern die Firma Gebrüder Becker gehöre, seiner Freude darüber Ausdruck, dass es in der Zeit der Stilllegungen auch einmal ein freudiges Ereignis gebe, das heute die Vertreter der Stadt und von Handel und Industrie vereinige. Er beglückwünschte die Firma zu ihrer führenden Stellung.

Oberbürgermeister Arlart betonte, dass der neue Industriepalast der Stadt Chemnitz zur Zierde gereiche. Chemnitz, das besonders unter der wirtschaftlichen Not leide, sei und bleibe eine Industriestadt. Die Stadt Chemnitz wünsche der Firma, die sich aus kleinen Anfängen heraus zu einem bedeutenden Unternehmen entwickelt habe, dass sie in ihrer bisherigen Kraft noch Jahrhunderte überstehen möge.

Im neuen Heim der alte Geist! – Das war der Glückwunsch von Otto Schlesinger von der Marschel Frank Sachs AG, die durch verwandtschaftliche Beziehungen der Firma Gebrüder Becker bekanntlich sehr nahe steht, den Firmeninhabern darbot. Seine Rede klang in dem Wunsche aus, dass auch in dem neuen Heim die alte vornehme kaufmännische Gesinnung herrschen möge.

Stadtverordnetenvorsteher Schiersand erinnerte in humorvollen Worten an die Zeit, in der er dem jetzigen Inhaber Karl Becker den ersten Unterricht erteilte und gedachte in pietätvoller Weise der Eltern und Vorfahren, die ihre Kinder so erzogen haben, dass die heute das große Geschäft erfolgreich weiterführen können.

Die Wünsche der Industrie- und Handelskammer Chemnitz überbrachte Hans Stickel, der mit Genugtuung feststellte, dass sich die Firma trotz der schwierigen wirtschaftlichen Verhältnisse ein neues schönes Heim errichten konnte, um für die Zukunft gerüstet zu sein. Alle Wirtschaftskreise hoffen, dass der Tiefstand erreicht sei und dass es jetzt wieder aufwärts gehe in Deutschland.

Justizrat Moritz Beutler betonte, dass das herrliche Gebäude, die neuesten Maschinen und die besten Verbindungen nichts seien. Alles sei der Mann! Die Firma sei groß geworden durch die Gründer und die Männer, die jetzt an der Spitze des Unternehmens stehen. Sein Hoch galt der dritten Generation.

Herzliche Glückwunschworte sandten Syndikus Johannes Röthig für den *Verband der Stoffhandschuhfabrikanten,* Rabbiner

Dr. Hugo Fuchs für die Chemnitzer [Israelitische] Gemeinde und Georg Mecklenburg für die Lieferanten und für die *Färberei-Vereinigung zu Chemnitz.* Die vielfältigen Ehrungen sind der beste Beweis für das große Ansehen, das die Firma Gebrüder Becker genießt.

Anmerkungen

1 Nachdem die Firma Gebrüder Becker 1930 den Standort aufgab, übernahm die Maschinenfabrik Schubert & Salzer AG, die in unmittelbarer Nachbarschaft ihren Sitz hatte, die Fabrikanlage.

2 Vgl. Jürgen Nitsche: Mörderische Gewalt gegen Juden: Die Fälle Berdaß (1927), Sindel (1931) und Weiner (1933), in: Gerhard Lindemann / Mike Schmeitzner (Hg.): ... da schlagen wir zu. Politische Gewalt in Sachsen 1930–1935. Reihe: Berichte und Studien, herausgegeben v. Thomas Lindenberger und Clemens Vollnhals im Auftrag des Hannah-Arendt-Instituts für Totalitarismusforschung e.V., Bd. 78, Göttingen 2019.

3 Archiv der IHK Chemnitz. – Die Unterlagen befinden sich seit 2016 im Sächsischen Wirtschaftsarchiv in Leipzig.

4 Der Nachlass der Familie Becker befindet sich im Jüdischen Museum Berlin. Liesel Sabloff, die in Santa Cruz (Kalifornien) lebende Tochter von Arthur Becker, stellte dem Verfasser dankenswerterweise Kopien davon zur Verfügung. Im Moment verfasst die 1925 geborene Frau, die im März 2001 als Ehrengast der Stadt an den 10. »Tagen der jüdischen Kultur« in Chemnitz teilnahm, ihre Lebenserinnerungen.

5 Textil-Zeitung, Berlin, Nr. 129, 5. Juni 1930.

GESCHÄFTSHAUS MORITZ LIPPMANN UND DAS MODEHAUS KÖNIGSFELD & CO.

Mühlenstraße 34–36

Baujahr(e): 1932/1933
Architekt: Curt am Ende, Chemnitz
Bauausführung: Albert Trübenbach, Chemnitz
Foto: Pressefoto Wolfgang Schmidt, Chemnitz, 2020

Das Geschäftshaus Lippmann – über viele Jahre durch das Modehaus Königsfeld & Co. genutzt

Thomas Morgenstern

Gegenüber dem Chemnitzer Stadtbad befindet sich ein auffälliges, einzeln stehendes großes Gebäude in sachlichen Architekturformen, das in der zweiten Hälfte des 20. Jahrhunderts interessante Mieter hatte: das Modehaus Königsfeld & Co. Auftraggeber für das Geschäftshaus Mühlenstraße 34–36 war Moritz Lippmann, Inhaber eines Möbelhauses mit »Werkstätte für Wohnungskunst«. Das Unternehmen Lippmann war Eigentümer des Grundstücks und betrieb in einem zweigeschossigen älteren Vorderhaus mit drei- bis viergeschossigen Hintergebäuden bereits ein Möbelgeschäft mit Ausstellungsräumen. **(Abb. 1)** Moritz Lippmann stellte Ende 1930 eine Anfrage beim Baupolizeiamt Chemnitz, ob anstelle des zwei-

Abb. 1: Briefkopf Firma Lippmann 1930, Archiv Denkmalschutzbehörde Chemnitz

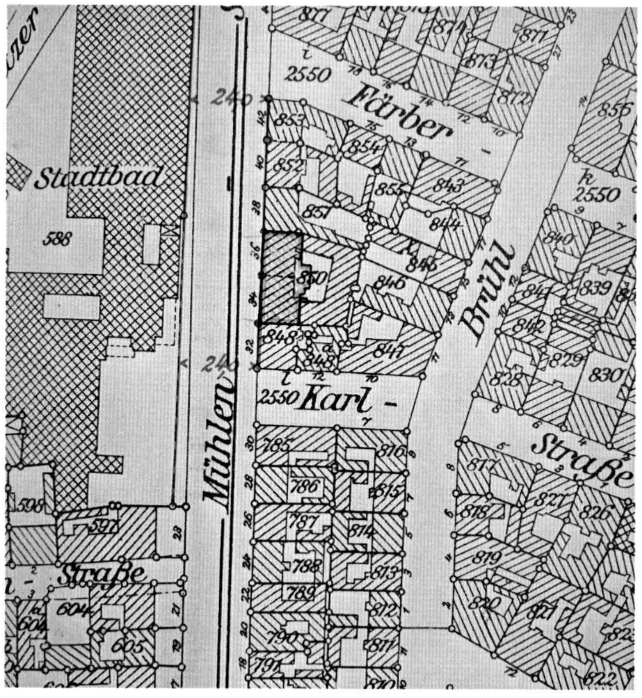

Abb. 2: Lageplan 1930, Bauaktenarchiv Stadt Chemnitz

geschossigen Altbaus ein Geschäftshaus mit sieben Geschossen genehmigungsfähig sei. Die Baubehörde verwies auf die maximal zulässige Traufhöhe von 19,50 Meter des südlich an das Baugrundstück angrenzenden großen Eckhauses aus der Zeit um 1900 und forderte ein Satteldach.[1] Das Eckgebäude überragte die Traufhöhe der zwei- bis dreigeschossigen älteren Bebauung schon sehr gewaltig. **(Abb. 2)** Erst ein Jahr später beauftragte Lippmann den Chemnitzer Architekten Curt am Ende (1889–1970) mit der Bauplanung für ein neues Geschäftshaus mit sechs Geschossen. Die Baugenehmigung wurde am 18. August 1932 erteilt.[2] Die Bauausführung übernahm Baumeister Albert Trübenbach. Curt am Ende war in der

Abb. 3: AOK-Gebäude 2014, Archiv Denkmalschutzbehörde Chemnitz

Mühlenstraße 47, also im gleichen Stadtviertel ansässig. Er hatte kurz zuvor, im Dezember 1931, den markanten kubistischen Bau für die Allgemeine Ortskrankenkasse an der Müllerstraße mit Fassadenverkleidung aus Rochlitzer Porphyrtuff fertiggestellt. **(Abb. 3)** Der Architekt Curt am Ende entwarf für Moritz Lippmann einen sachlich-modernen Bau von 29 Meter Länge mit Natursteinverkleidung in den unteren beiden Geschossen und fassadenbündigen zweiteiligen Fenstern in der hellen Putzfassade der oberen vier Etagen. Eine lange Schleppgaube im Satteldach ist allseitig verschiefert und somit eindeutig dem Dach zugeordnet, 12 Gaubenfenster bringen Tageslicht in die noch zusätzlich nutzbaren Dachräume. In den mit Travertin verkleideten unteren Geschossen wechselt zudem der

Fensterrhythmus: im Erdgeschoss durch die großformatigen Schaufenster, im ersten Obergeschoss durch sehr eng gereihte Normalfenster. Diese sind im Format etwas höher als die in den Geschossen darüber. Die massiven Fassaden und Brandgiebelwände sind an ein Tragwerk aus Stahlbeton mit nur einer mittigen Stützenreihe angebunden. Ein hofseitig zentral angebauter Erschließungsturm mit großzügiger Treppenanlage, je einem Lasten- und Personenaufzug sowie WC-Anlagen war funktionell günstig konzipiert. Die Hofumbauung blieb erhalten und wurde integriert. Der kleine Lichthof erhielt zum Teil ein Glasdach. Mit dem Neubau musste auch die Auflage der Stadt erfüllt werden, einen Anteil an Wohnraum zu schaffen. Dies geschah ab dem dritten Obergeschoss etwa zur Hälfte der jeweiligen Etage.[3] Das heute als Solitär stehende Gebäude war ursprünglich in einem geschlossenen Karree der Wohn-, Geschäfts- und Weberhäuser aus der Zeit der nördlichen Stadterweiterung nach 1800 eingebunden. Die Natursteinverkleidung in den unteren beiden Geschossen des Möbelhauses gliederte zum einen die große Fassade und vermittelte zum anderen den Maßstab zu den nördlich angrenzenden zweigeschossigen spätklassizistischen Weberhäusern, denn sie schloss mit deren Traufhöhe ab.

Von 1969 bis 1983 befand sich darin das bei der Bevölkerung beliebte Textilkaufhaus Königsfeld & Co., das eine über hundertjährige Geschichte vorzuweisen hatte. Mehr dazu ist im Textbeitrag von Jürgen Nitsche zu erfahren.

Nach der politischen Wende übernahm die Westsachsen-Möbel Handelsgesellschaft mbH das Objekt und reichte 1992 einen Bauantrag zum Umbau der oberen Geschosse für eine Büronutzung ein. Im Erdgeschoss und ersten Obergeschoss blieben weiterhin Verkaufsräume für Möbel und Raumausstattung. Eine geplante Passage in Form einer Erdgeschossarkade wurde nicht ausgeführt. Später an

Abb. 4: Blick vom Stadtbad zum Geschäftshaus 2020, Pressefoto Wolfgang Schmidt, Chemnitz

eine Privatperson verkauft, erfolgte ab 2007 die etappenweise Sanierung, wobei die Fassade nach denkmalpflegerischen Vorgaben restauriert wurde. Zusätzlich zur Büronutzung wurde ein Friseursalon mit Haarstudio eingerichtet. Leider steht ein großer Teil des Erdgeschossbereiches mit den großen Schaufenstern gegenwärtig leer. **(Abb. 4)**

Viele der eingangs erwähnten kleineren Weberhäuser im Quartier überstanden die Bombenangriffe 1945 auf die Chemnitzer Innenstadt, wurden aber in DDR-Zeiten für die Errichtung der aus heutiger Sicht unmaßstäblichen vielgeschossigen Platten-Wohnbauten abgerissen. Lediglich das Geburtshaus des Chemnitzer Arbeiterführers Fritz Heckert blieb erhalten (heute: »HeckArt«), wurde jedoch transloziert.

»Bleiben Sie Könige in Ihrem Feld«
Das Modehaus Königsfeld & Co. und seine 100-jährige Geschichte

Jürgen Nitsche

Am 17. September 1881 hatten die Kaufleute Oscar Königsfeld und Richard Abraham am Holzmarkt 10, »noch im bescheidenem Umfang«, ein Konfektions- und Manufakturwarengeschäft eröffnet, das sie – trotz mancher Widrigkeiten – in den Folgejahren zu einem »bedeutenden und angesehenen Modehause«[4] ausbauten. Bereits wenig später erfolgte eine zweifache Erweiterung der Verkaufsstätte. Angesichts der dennoch weiterhin beschränkten Räumlichkeiten verlegten die Kaufleute im Oktober 1889 ihr Geschäftslokal in das ehemalige Brückner'sche Haus Königsstraße 16 (auch Brückenstraße 28). Damit war eine vorübergehende Umbenennung ihres Geschäftes in »Victoria-Bazar. Königsfeld & Co.« verbunden. **(Abb. 1)** Eine Sensation war es, als im Jahr 1899 die Firma als erste in Chemnitz elektrisches Licht installieren ließ. 1900 erwarben die Geschäftsinhaber noch das Nebenhaus Königstraße 18, in dem sich bis dahin das Horn'sche Ball-Lokal befunden hatte.

In der Handelswelt wurden Königsfeld und Abraham frühzeitig als »fachlich tüchtig« beschrieben. Dank ihrer vorbildlichen Betriebsorganisation konnten sie in der Folgezeit streng an dem Prinzip der Solidität von Waren und Preis festhalten, was ihnen einen ständig wachsenden Kundenkreis in Chemnitz und auch in der Umgebung einbrachte.[5]

Abb. 1: Kaufhaus Königsfeld & Co., um 1900, Schloßbergmuseum Chemnitz

Was ist über die Firmengründer bekannt? Oscar Königsfeld, ein jüdischer Handlungsgehilfe aus Oberschlesien, verlegte im März 1879 seinen Wohnsitz nach Chemnitz. Im September 1880 folgte ihm Richard Abraham, ein protestantischer Handlungsgehilfe aus der Provinz Posen, dahin. Er wohnte zunächst bei Abraham Dresel, dem Nestor der Chemnitzer Juden, zur Untermiete. Es ist davon auszugehen, dass sich die über 20-jährigen angehenden Kaufleute in Dresels Geschäftslokal am Markt begegneten und dort auf die Idee kamen, ein eigenes Geschäft zu gründen. Nachdem sie im Erdgeschoss des viergeschossigen Hauses am Holzmarkt freigewordene Verkaufslokale gefunden hatten, gründeten sie bereits am 23. August 1881 ihr eigenes Geschäft und ließen es eine Woche später im Handelsregister der Stadt eintragen.

Im Frühjahr 1882 vermählten sich sowohl Oscar Königsfeld als auch Richard Abraham in Chemnitz. Beide entschieden sich für Ehefrauen, die jeweils einer anderen Religionsgemeinschaft angehörten. Königsfeld ging die Ehe mit der Katholikin Maria Antonia Mecky aus Kreuznach ein. Ihre Ehe blieb kinderlos. Abraham vermählte sich mit der Verkäuferin Galorie Sabersky, einer Jüdin aus der Provinz Posen. Die Eheleute hatten drei Söhne und drei Töchter. Aus der anfänglichen geschäftlichen Partnerschaft entwickelte sich eine lebenslange Freundschaft. Richard Abraham bemühte sich frühzeitig, seine Söhne und Schwiegersöhne in die Leitung des Kaufhauses einzubeziehen. So wurde Oscar Abraham und Bernhard Grünwald, der mit Tochter Else verheiratet war, im März 1906 die Gesamtprokura übertragen. Später wurde Siegfried Levite, der mit Tochter Frieda vermählt war, Prokurist.

Nachdem Oscar Königsfeld im August 1913 aus der Handelsgesellschaft ausgeschieden war, übernahm Richard Abraham die alleinige Leitung des Hauses. Der Name des in der Stadt etablierten

Geschäftes, das frühzeitig als »Das Modehaus für Alle« um Kunden warb, blieb jedoch bestehen. Die Kunden konnten im Erdgeschoss neben Kleiderstoffen, Kinderwäsche, Berufskleidung und Tischwäsche auch Modewaren und Badewäsche erwerben. Im ersten Obergeschoss warteten Damenmäntel, Kostüme, Morgenröcke und Kinderkleider auf sie. Im zweiten Obergeschoss wurden ihnen Dekorationsstoffe, Gardinen, Bettwäsche und Steppdecken angeboten. Die Inhaber erkannten frühzeitig die Bedeutung der Reklamekunst. Sie veröffentlichten nicht nur überzeugende Anzeigenkampagnen in den Chemnitzer Tageszeitungen, sondern gaben auch eigenständige verkaufsfördernde Veröffentlichungen heraus. Die Hefte dienten dazu, ihre zahlreichen Hausmarken vorzustellen. Unter dem Motto »Die Gesetze der Figur sind Gesetze der Natur« bewarben sie z. B. ihre Korsett-Abteilung. Sie hatten auch eine eigene Handelsmarke eingeführt.

Im September 1921 traten die Söhne Oscar und Theodor Abraham als persönlich haftende Gesellschafter in das Familiengeschäft ein. Bereits im Folgejahr wurde ein großer, den modernen Ansprüchen angepasster Umbau der Innenräume des Geschäftshauses vorgenommen. 1927 veranlassten die Inhaber die Einbeziehung der benachbarten Häuser Königstraße 20 und Teichstraße 2, in dem sich bis dahin eine Kolonialwarenhandlung befand, in das mittlerweile imposante Geschäftshaus. Gleichzeitig erwarb die Offene Handelsgesellschaft das Vorkaufsrecht für alle Verkaufsstellen im Haus Brückenstraße 28.

Die notwendigen Um- und Erweiterungsbauten führte das Büro des jüdischen Architekten Bruno Kalitzki innerhalb von sechseinhalb Monaten aus. **(Abb. 2)** Die alte zerrissene Fassade wurde in eine Einheitlichkeit gebracht, die nur durch die von dem Bauherrn geforderten Erker unterbrochen wurde. Dank der zeitgenössischen

Abb. 2: Um- und Erweiterungsbau des Geschäftshauses Königsfeld & Co., 1927, Sammlung Nitsche

Beschreibung des bekannten Architekturkritikers Leo Adler in einer Veröffentlichung von Bruno Kalitzki von 1929 lässt sich ein Bild von den Umbaumaßnahmen machen:

»Die geringere Gebäudehöhe an der Teichstraße [eingeschossig] wurde baupolizeilich gefordert und aus der Not insofern eine Tugend gemacht, als hier Terrassen und Dachgärten angelegt wurden. Die Schaufenster selbst sind in Bronze ausgeführt, das Eckfenster ist als freistehendes Passagefenster mit allseitigem Umgang ausgebildet. Bei der inneren Einrichtung ist vorzugsweise Eiche verwendet, die Formgebung ist schlicht und ohne ein Haschen nach ›Motiven‹.«

Anhand der beeindruckenden Abbildungen, die im Atelier des Chemnitzer Fotografen Joseph Rosner (1892–1971) entstanden,

Abb. 3: Neu- und Umbau, Ansicht König- und Teichstraße
Abb. 4: Ansicht Teichstraße (Neubauteil), Fotos: Joseph Rosner, Chemnitz. Bruno Kalitzki, 1928

kann sich der Leser auch nach über 90 Jahren ein Bild davon machen. **(Abb. 3 und 4)**

Das moderne, die Königstraße weithin beherrschende Geschäftshaus mit 2.890 Quadratmetern Verkaufsfläche wurde am 15. November 1927 mit einer eindrucksvollen Feier, an der auch Oberbürgermeister Dr. Johannes Hübschmann (1867–1930) teilnahm, wiedereröffnet. Bruno Kalitzki hielt eine Rede, in der er die Entstehungsgeschichte des Neubaus entwarf. Ein »Weltstadt-Modehaus« resp. ein »Werk moderner Städtebaukunst« bereicherte von da an

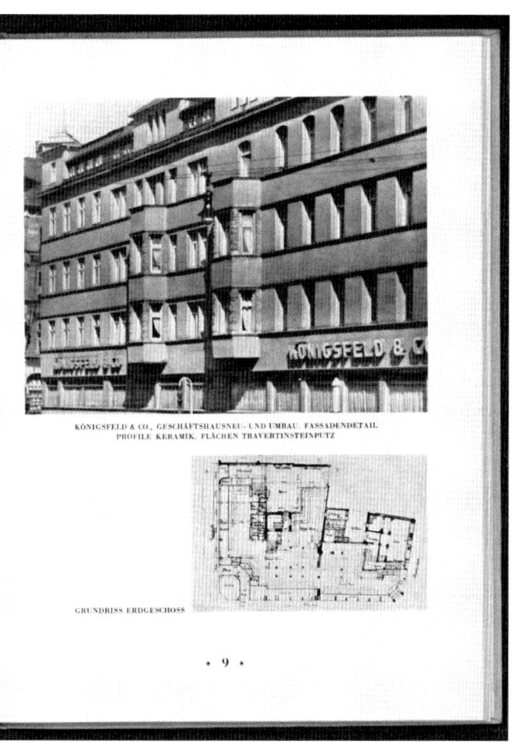

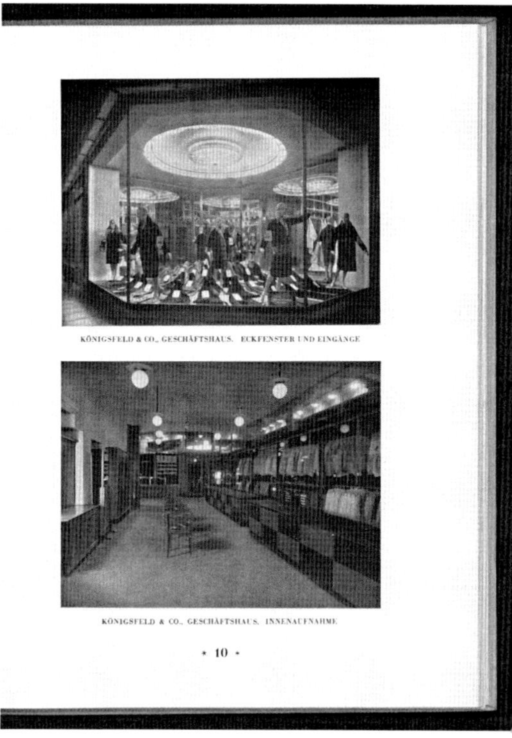

Abb. 5 und 6: Neu- und Umbau, Fassadendetail, Eckfenster und Eingänge, Innenaufnahme, Fotos: Joseph Rosner, Chemnitz. Bruno Kalitzki, 1928

das Stadtbild, wie das *Chemnitzer Tageblatt* dies bereits am 25. September 1927 euphorisch vorhergesagt hatte. **(Abb. 5 und 6)**

Mitten in der Weltwirtschaftskrise luden die Geschäftsinhaber die etwa 350 Mitarbeiter am 17. September 1931 zur 50-Jahrfeier in das festlich geschmückte Treppenhaus der Verkaufsräume ein. Zur Feier war auch der Firmenmitgründer Oscar Königsfeld, der seit 1913 in Berlin lebte, erschienen. Fritz Eichner, langjähriger Prokurist, hob in seiner Ansprache »die Tatkraft, Tüchtigkeit und Großzügigkeit«[6] der Inhaber hervor. Als Zeichen des Dankes wurde anschließend ein

Abb. 7: Reklameheft für Kindersachen, Textil-Werbedienst GmbH Berlin, Sammlung Nitsche

künstlerisches Bronzebild des Seniorchefs Richard Abraham, das der Bildhauer Heinrich Brenner (1883–1960) ausgeführt hatte, überreicht und in den Verkaufsräumen angebracht. Theodor Abraham dankte seinerseits dem Personal für deren »treue Pflichterfüllung und Hingabe«. An der offiziellen Feier nahmen neben Walter Arlart, Oberbürgermeister der Stadt, Dr. Paul Heubner, Syndikus der Industrie- und Handelskammer, Dr. Rudolf Flade, Vorsitzender der *Interessen-Gemeinschaft der Chemnitzer Manufakturwaren- und Konfektionsgeschäfte,* Max Körner, Oberpostdirektor, und Ernst Häusler, Vertreter der *Schutzgemeinschaft der Großbetriebe und des Einzelhandels*, auch der Stadtverordnetenvorsteher Hermann Schiersand (DDP) teil, die sich mit Grußworten an die Geschäftsinhaber wandten. Theodor Abraham bemerkte in seiner Festrede, dass der Erfolg der Firma vor allem dem Wachstum der Stadt sowie der Nachbarstädte und Gemeinden zu verdanken war. Gleichzeitig teilte er mit, dass die Firma als Jubiläumsgabe 10.000 Mark für die städtische Fürsorge stiftete, und zwar in Form von Gutscheinen.

Dr. Gerhard Fröhlich, Berater der Familie in Rechtsfragen, schloss seine Ansprache mit dem vielsagenden Wunsche: »Bleiben Sie Könige in Ihrem Feld.« Ein Jubiläumsverkauf schloss sich an, bei dem insbesondere die Abteilungen für Konfektion und Putz im Mittelpunkt standen. **(Abb. 7)** Mit dem Slogan »Gute Waren für wenig Geld kaufe ich stets bei Königsfeld« sahen sich die Geschäftsinhaber sogar in der Lage, dem gewachsenen Konkurrenzdruck, der mit der Eröffnung des Chemnitzer Kaufhauses der Schocken KG im Mai 1930 entstanden war, standzuhalten.

Die NS-Machtübernahme im Jahre 1933 hatte Folgen für den Fortbestand des Konfektionshauses. Richard Abraham erlebte noch den Boykottaufruf vom 1. April 1933. Unter den Geschäften, Arztpraxen und Anwaltskanzleien, die der *Kampfbund für den gewerblichen Mittelstand* Ende März in Eile zusammengestellt hatte, befand sich zunächst auch das Modehaus Königsfeld & Co. Um den Boykott abzuwenden, flog Theodor Abraham in Begleitung seines Chefdekorateurs Alfred Flachsbarth am 30. März mit einem Sonderflugzeug nach München zur Reichsleitung der NSDAP. Tatsächlich konnte er im »Braunen Haus« die Boykottaufhebung erreichen. Dies gelang ihm wohl nur dank seines Mitarbeiters, der Mitglied der NSDAP und SS war. Flachsbarth hatte schon Anfang März 1933 Personalchef Hugo Jonas vor den beginnenden Judenverfolgungen gewarnt, so dass dieser sich rechtzeitig in Sicherheit bringen konnte.[7]

Am 14. Oktober 1934 verstarb der Seniorchef im Alter von 77 Jahren in Chemnitz. Die Urne wurde gemäß seinem letzten Willen vom 9. Januar 1925 in der Familiengrabstätte auf dem Israelitischen Friedhof im Ortsteil Altendorf beigesetzt. Im Nachruf des Personals wurden die vorbildliche Arbeitsfreude, das überaus gütige Wesen und das väterliche Verhalten des Verstorbenen gegenüber seinen Mitarbeitern gewürdigt.[8]

Abrahams eindeutiges Bekenntnis zu seiner jüdischen Ehefrau hatte zur Folge, dass die NS-Behörden ihren »planmäßigen Kampf« gegen die Kaufhausinhaber in jenem Jahr nicht nur wiederaufnahmen, sondern gar verstärkten. So erschien 1934 eine amtliche Mitteilung in der Presse, wonach das Kaufhaus Königsfeld & Co. nicht »arisch« war, und Oskar Papsdorf, der Kreisleiter der NSDAP, rief ab Sommer 1935 in den Versammlungen »stets« die Bevölkerung zum Boykott gegen das Geschäft auf.[9] Der Umsatz ging dadurch stark zurück.

Während des Novemberpogroms 1938 wurden sämtliche Schaufenster der Verkaufsräume eingeschlagen. Obwohl es Theodor und Oscar Abraham innerhalb kürzester Zeit gelungen war, Ersatz für die Fensterscheiben zu bekommen, fassten die Brüder einen weitreichenden Entschluss. Um die angedrohte Schließung der Firma zu verhindern, beschlossen sie, diese einer »arischen« Vertrauensperson zu überschreiben. Ihr Wirtschaftsberater hatte sie in der »Bereinigung dieser Frage«, wie Theodor Abraham dies nach Kriegsende lapidar bezeichnete, beraten.[10] Der bisherige Prokurist Joseph Hubert Daners, ein Katholik, wurde im

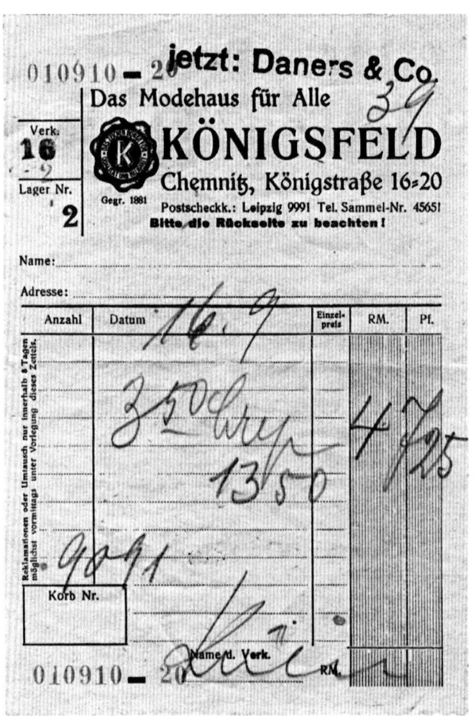

010910 – 20 jetzt: Daners & Co.

Das Modehaus für Alle

KÖNIGSFELD

Chemnitz, Königstraße 16-20

Gegr. 1881

Postscheckk.: Leipzig 9991 Tel. Sammel-Nr. 45651

Bitte die Rückseite zu beachten!

Verk. 16

Lager Nr. 2

Name:

Adresse:

Anzahl	Datum	Einzelpreis	RM.	Pf.

Reklamationen oder Umtausch nur innerhalb 8 Tagen möglichst vormittags unter Vorlegung dieses Zettels.

Korb Nr.

Name d. Verk.

RM.

010910 – 20

Abb. 8: Rechnung, 1941, Sammlung Nitsche

Januar 1939 persönlich haftender Gesellschafter. Der Babelsberger Wirtschaftsprüfer Dr. Hermann Nels[11] trat gleichzeitig als Kommanditist in die Gesellschaft ein. Ab dem 4. Juli 1941 führte das Modehaus den Namen Daners & Co. **(Abb. 8)** Mit diesen Veränderungen, die de facto einer »freundlichen Arisierung« entsprachen, konnten die Brüder die Liquidierung ihres Handelsunternehmens verhindern. Dennoch überstand das Kaufhaus die NS-Zeit nicht völlig unbeschadet. So wurden die Geschäftsinhaber in der Folgezeit bei Warenverteilungen an den Einzelhandel von den NS-Behörden systematisch übergangen.

Auf Anordnung der Geheimen Staatspolizei wurde Theodor Abraham darüber hinaus am 26. April 1944 für die Arbeitsbataillone der »Organisation Todt« (OT) zwangsverpflichtet.[12] Im Rahmen der »Aktion Haase«[13] wurde er zusammen mit weiteren Chemnitzer Schicksalsgefährten (u.a. Leo Auerbacher, Kurt Georg Primo und Erwin Stern) in das Arbeitslager in Cravant (Nordfrankreich) verschickt, wo er teilweise in »Höhlen« schwerste Arbeit verrichten musste. Im August 1944 wurde er infolge des Vormarsches der alliierten Streitkräfte in der Normandie in das Arbeitslager Wuppertal-Wichlinghausen verlegt.[14] Im Frühjahr 1945 gelang ihm die Flucht. Bis Kriegsende hielt er sich versteckt in dem stark zerstörten Chemnitz auf. Margarethe Abraham, seine Ehefrau, hatte ihn in dieser Zeit in der Geschäftsleitung vertreten.

Völlig in Trümmern lagen die Verkaufsräume, als Theodor und Oscar Abraham die Firma wieder übernehmen wollten. **(Abb. 9)** An einen Wiederaufbau war nicht zu denken. Bereits am 5. Juni 1945 beantragten sie die Rückbenennung des Geschäftes in Königsfeld & Co., was am 13. November 1945 vom zuständigen Amtsgericht genehmigt wurde. Joseph Daners, der mittlerweile nach Hamburg zurückgekehrt war, schied im Juli 1949 als Gesellschafter aus. Die

Abb. 9: Zerstörte Innenstadt, Kreuzung König- und Brückenstraße, Ruine des Modehauses Daners & Co. (Mitte), 1945, Schloßbergmuseum Chemnitz

Erben des am 16. September 1947 verstorbenen Kommanditisten verließen im Juni 1954 die Gesellschaft. Die Kommanditgesellschaft wurde wieder eine Offene Handelsgesellschaft.

Für Theodor Abraham war es ein Neuanfang »im kleinen Rahmen«. Vorübergehend konnten die Inhaber Geschäftsräume im Haus Bahnhofstraße 2 nutzen, wohl um die Versorgung der Bevölkerung in der Nachkriegszeit abzusichern. Am 8. Oktober 1945 konnten die Brüder in das Haus Gartenstraße 6, den früheren »Admirals-Palast«, ausweichen. **(Abb. 10)** Und wieder lohnte sich der Weg zu Königsfeld & Co., wie einer Anzeige in der *Volksstimme* aus dem Jahr 1953 zu entnehmen war, und dies für »immer«[15]. Das Kaufhaus war weiterhin »Das Modehaus für Alle«.

Nach dem Tod von Oscar Abraham am 19. Juli 1963 wurde die Offene Handelsgesellschaft wieder in eine Kommanditgesellschaft umgewandelt. Neben dessen Witwe trat das HO-Warenhaus in Karl-Marx-Stadt (später CENTRUM Warenhaus) als Kommanditist ein. Im Oktober 1966 löste die HO Industriewaren Karl-Marx-Stadt dieses ab. Theodor Abraham, zuletzt Komplementär, starb am 17. März 1969. Genau einen Monat später fand die Beisetzung im Familiengrab auf dem Jüdischen Friedhof statt. Gemäß seinem letzten Willen wurden einige wertvolle Gemälde[16] den Kunstsammlungen der Stadt geschenkt. Die Villa Abraham in Altchemnitz (Reichenhainer Straße 195), die sich seit etwa 1922 im Familienbesitz befand, hatte er zuvor der Jüdischen Gemeinde übereignet.

Abb. 10: Blick in die Gartenstraße mit Modehaus »Königsfeld & Co.«, um 1965, Sammlung Nitsche

Bis zur endgültigen Schließung befand sich das Kaufhaus in dem Geschäftshaus Mühlenstraße 34–36. Nach beendeter Liquidation wurde der Eintrag der Firma am 25. Juli 1983 aus dem Handelsregister gelöscht.

Anmerkungen

1 Ratsbauakte der Stadt Chemnitz.

2 Ratsbauakte der Stadt Chemnitz.

3 Objektakte der Denkmalschutzbehörde Chemnitz.

4 50-Jahrfeier im Haus Königsfeld & Co., in: Chemnitzer Neueste Nachrichten, Chemnitz, 18. September 1931.

5 Deutschlands Jubiläumsfirmen des Handelskammerbezirkes Chemnitz, Leipzig 1926, S. 60.

6 Anm. 4.

7 Staatsarchiv Chemnitz, 30178 Notar Dr. Willy Schumann, Chemnitz, Nr. 16.

8 Allgemeine Zeitung, Chemnitz, 17.10.1934 – Am 20. Juli 1932 war mit Oscar Königsfeld sein langjähriger Geschäftspartner und Freund in Berlin verstorben.

9 Staatsarchiv Chemnitz, 30413 Rat des Bezirkes Karl-Marx-Stadt, Nr. 9.2_04960.

10 Ebd.

11 Dr. Hermann Nels war mit der aus Grüna bei Chemnitz stammenden Fabrikantentochter Anne Marie Abel verheiratet.

12 Vgl. Beate Meyer: »Jüdische Mischlinge«. Rassenpolitik und Verfolgungserfahrung 1933–1945, Hamburg 1999, S. 237–247.

13 Von den Arbeitsämtern waren ab März 1944 »Mischlinge I. Grades«, zu denen Theodor Abraham gehörte, »jüdische Versippte« (die »deutschblütigen« Ehemänner jüdischer Frauen) und »Zigeuner« der OT gemeldet worden, um in der »Aktion Haase« beim Ausbau militärischer Stellungen in Nordfrankreich (»Atlantikwall«) eingesetzt zu werden. Wieso dies nicht seinen Bruder Oscar betraf, ist nicht überliefert.

14 Vgl. James F. Tent: Im Schatten des Holocaust. Schicksal deutsch-jüdischer Mischlinge im Dritten Reich, Köln – Weimar – Wien 2007, S. 212–220.

15 Volksstimme, Karl-Marx-Stadt, Nr. 211, 11. September 1953.

16 Zum Beispiel das Ölgemälde von Hans v. Barthels (1856–1913) »Mönchsguter Landschaft«.

WARENHAUS H. & C. TIETZ

Erweiterungsbau Moritzstraße 20

Baujahr(e): 1926/1927
Anbau des Werkstättengebäudes
Architekt: Erich Basarke, Chemnitz
Foto: Pressefoto Wolfgang Schmidt, Chemnitz, 2020

Das Verwaltungs- und Werkstättengebäude am Warenhaus H. & C. Tietz

Ein Entwurf des Chemnitzer Architekten Erich Basarke

Thomas Morgenstern

Das nach Plänen des bekannten Architekten Prof. Wilhelm Kreis (1873-1955) in den Jahren 1912/13 errichtete Warenhaus H. & C. Tietz im Zentrum der damals dicht bebauten Innenstadt von Chemnitz wurde nach der Eröffnung als »das größte und vornehmste Warenhaus Sachsens« tituliert. Von dieser Spitzenposition konnte auch das 1930 eröffnete Kaufhaus Schocken das Tietz nicht verdrängen. Auf Grund der hervorragenden Geschäftsbilanz in den 1920er Jahren erwog die Geschäftsleitung des Tietz die bislang für die Verwaltung, Werkstätten und Ateliers genutzte vierte Etage des Warenhauses auch für den Verkauf und die Warenpräsentation zu nutzen. Dafür hatte man nach langen Verhandlungen das direkt in der Moritzstraße an das Tietz angrenzende Grundstück erworben. Das darauf befindliche kleinere dreigeschossige Haus Moritzstraße 20 sollte abgebrochen und danach das neue Verwaltungs- und Werkstättengebäude in direkter funktioneller Verbindung zum Warenhaus errichtet werden. Mit der Planung dieses Neubaus wurde der renommierte Chemnitzer Architekt Erich Basarke (1878–1941) beauftragt, ebenso mit den Umbau- und Umgestaltungsmaßnahmen in einigen Bereichen des Warenhauses selbst. **(Abb. 1)** Nachdem zum Jahresende 1926 die Pläne erstellt und der Bauantrag

Abb. 1: Architekt Erich Basarke, Archiv Denkmalschutzbehörde Chemnitz

eingereicht war, konnte im Mai 2017 die Baugenehmigung vom Baupolizeiamt erteilt werden.[1]

Erich Basarke war einer der gefragtesten Chemnitzer Architekten seiner Zeit. Mit seinem über hundert Bauten umfassenden Werk hat er das Bild der Industriestadt Chemnitz in der ersten Hälfte des 20. Jahrhunderts wesentlich geprägt. Von 1906 bis 1919 bildete er eine Bürogemeinschaft mit dem aus Hamburg stammenden Hofbaurat Alfred Zapp. In dieser Zeit entstanden kolossale Industriebauten für die Wanderer-Werke, die Werkzeugmaschinenfabriken Reinecker, Schubert & Salzer und die Union. »Das Büro zählte in Spitzenzeiten bis zu 40 Mitarbeiter. Seine Bauten waren bis 1920 durch Formen des geometrischen Jugendstils und der Reformarchitektur geprägt, dann vorrangig durch den Neoklassizismus. In wenigen Arbeiten bediente sich Basarke gekonnt expressionistischer Formensprache und Elementen des Neuen Bauens, ohne jedoch ein Avantgardist dieser Stilrichtungen gewesen zu sein.«[2]

Abb. 2: Das neue Werkstättengebäude, Erich Basarke, 1928, Sammlung Nitsche

Am Erweiterungsbau des Warenhauses stand neben dem vorgegeben Raumprogramm die Aufgabe der gestalterischen Vermittlung zwischen dem monumentalen Sandsteinbau des Warenhauses und den angrenzenden zumeist dreigeschossigen Altbauten des Halbkarrees. Die Anpassung an die Traufhöhe des Altbaubestandes erreichte Basarke durch ein plastisch stark ausgeformtes Gesims, und das darüber liegende vierte Vollgeschoss wurde leicht zurückgesetzt. **(Abb. 2)** Ein massives langgestrecktes Dachhaus in Form einer hohen Schleppgaube brachte noch zusätzlich nutzbare Räume im Dachgeschoss. Die Integration in das mit Blech gedeckte Dach gelang durch eine dunkle Naturschieferverkleidung des Dachhauses. Der Stahlbetonskelettbau erhielt eine neunachsige Hauptfassade als Putzfassade in sachlichen neoklassizistischen Formen, durch kräftige Lisenen vertikal gegliedert. Dadurch erreichte der Architekt den Bezug zur Tektur der Sandsteinfassade des Tietz. Die hochrechteckigen Kreuzstockfenster waren fein gesprosst und durch Kunststeingewände gefasst, die Brüstungsbereiche filigran kassettiert. Die hohen

Abb. 3: Erweiterungsbau Tietz-Warenhaus 2020, Pressefoto Wolfgang Schmidt, Chemnitz

Fenster brachten ausreichend Licht in die Büro-und Atelierräume. Die Fenster im Erdgeschoss wurden mit Ziergittern versehen. Der heutigen Büronutzung des Erweiterungsbaus Rechnung tragend wurde der einst geschlossene Brandgiebel mit Fenstern versehen. **(Abb. 3)** Im Basarke-Bau befinden sich heute der Sitz des Kulturbetriebes der Stadt und die Verwaltung der einzelnen Kultureinrichtungen des Tietz. Das Verwaltungs- und Werkstättengebäude steht heute als gelungener Erweiterungsbau neben dem umgenutzten Warenhaus ebenfalls unter Denkmalschutz. Es steht ebenso für das Bemühen der Architekten vieler moderner Bauwerke in Chemnitz, sich standortspezifisch in den Stadtorganismus und den angrenzenden Gebäudebestand maßvoll einzufügen.

Das Warenhaus H. & C. Tietz
oder Die Erweiterung des »Hauses der 60 Spezialabteilungen«

Jürgen Nitsche

Binnen kürzester Zeit wurde »Sachsens größtes Geschäftshaus im Eigenbesitz«[4] zu einer Bereicherung des architektonischen Stadtbildes von Chemnitz. **(Abb. 1)** Bei der Einrichtung des 1913 vom Düsseldorfer Baumeister Wilhelm Kreis (1873–1955) errichteten Warenhauses war allen Anforderungen in Bezug auf Sicherheit und Hygiene, auf zweckmäßige Ventilation, Beheizung und Beleuchtung in höchstem Maße entsprochen worden. Die Geschäftsleitung, an deren Spitze von Anfang an Hermann Fürstenheim (1871–1938) **(Abb. 2)** stand, entwickelte zudem einprägsame Leitsätze, mit denen sie mit Erfolg und Nachhaltigkeit um Kunden warb:

»Große eigene Fabrikation vieler wichtiger Bedarfsartikel«, »Zentralisierter Einkauf mit unseren Schwesterhäusern«, »Modernste

Abb. 1: Warenhaus H. & C. Tietz, Großaufnahme, 1913, Sammlung Nitsche

Organisation des gesamten Betriebsapparates«, »Richtige Bedienung durch bewährtes Fachpersonal«, »Neuestes Kassensystem in fast allen Abteilungen, dadurch kein unnötiges Warten«, »Größte Auswahl«, »Bewährte Qualitäten«, »Niedrigste Preise«, »Das Vertrauen der Käufer« und »Der Ruf der Reellität«.[6]

Abb. 2: Hermann Fürstenheim, Porträt, 1930, Privatbesitz

Mitte der 1920er Jahre stand eine Erweiterung des »Hauses der 60 Spezialabteilungen«, wie der Monumentalbau an der Poststraße oft in Veröffentlichungen genannt wurde, auf der Tagesordnung. **(Abb. 3)** Die Geschäftsleitung hatte endlich die Genehmigung der Baubehörden erhalten, um das vierte Obergeschoss zu Verkaufszwecken nutzen zu können.[7] Infolgedessen mussten die dortigen Ateliers und Personalräume in das geplante »Lagerhaus«, wie der Anbau von den Baubehörden zunächst genannt wurde, verlegt werden. Gleichzeitig sollte dort ein weiterer Krankenraum für die drei im Tietz tätigen Samariter und Samariterinnen geschaffen werden.

Abb. 3: Ein Blick in die Reklamewelt, 1913, Sammlung Nitsche

Für die anstehenden Bauvorhaben konnte Kommerzienrat Gustav Gerst (1871–1948), der Inhaber der Firmengruppe H. & C. Tietz, Erich Basarke (1878–1941), der sich in Chemnitz auch einen Namen als

Innenarchitekt gemacht hatte, gewinnen. Bereits im Mai 1926 begannen die Arbeiten zur Einrichtung eines Teeraumes, wie der Erfrischungsraum im zweiten Stock zunächst hieß, der wenig später als »hervorragend gelungen« eingeschätzt wurde.[8] Ein neu eingebauter Speiseaufzug führte ab November 1927 von der Küche des Erfrischungsraumes in die Backstube des dritten Obergeschosses.

Die Firmenleitung setzte in dieser Zeit all ihre Kräfte ein, das für den Anbau benötigte Nachbargrundstück Moritzstraße 20, das bisher im Besitz des Fabrikanten Karl Döhler war, zu erwerben. Bereits am 14. Dezember 1926 reichte Erich Basarke beim Baupolizeiamt den Antrag auf Neubau eines Verwaltungs- und Werkstättengebäudes auf dem erwähnten Grundstück ein. In den Folgewochen forderte das Baupolizeiamt weitere Berechnungen und Zeichnungen an. Die behördliche Genehmigung ging beim Bauherrn am 10. Mai 1927 ein; die letzten strittigen Fragen mit den Anliegern wurden jedoch erst wenig später geklärt. U.a. erhielt der Kaufmann Julius Steinberg, der Inhaber einer alteingesessenen Haushaltartikelhandlung an der Poststraße 31, eine Kompensation für die mit dem Bauvorhaben verbundenen Beeinträchtigungen.

Ein Mauerdurchbruch in Höhe des ersten Obergeschosses verband beide Bauten. Das Grundstück wurde mit dem bereits existierenden Hof ver- und das Gebäude funktional an das Warenhaus angebunden. Ein weiterer Lastenaufzug wurde eingebaut.

Im April 1927 nahm Erich Basarke die gewünschten Veränderungen im vierten Obergeschoss in Angriff. Die dort acht Monate später fertiggestellte Lebensmittelabteilung, die nunmehr mit Kühlraumanlage und Speiseeis-Erzeugungsanlage ausgestattet war, gehörte neben dem Einbau des künstlerisch ausgeführten Konditoreiraumes im zweiten Obergeschoss mit eigenem Konditoreibetrieb zu den bedeutendsten Neuerungen im Gebäude Tietz nach 1913. Beide

Abb. 4: Konditorei, Erich Basarke, 1928

Projekte wurden nach zeitgenössischer Einschätzung von Basarke »vortrefflich und höchst geschmackvoll« ausgeführt.[9] **(Abb. 4)** Auch wenn die Konditorei nicht dem am 5. April 1927 im Berliner Warenhaus A. Wertheim eröffneten Restaurationsräumen, die durch und durch ein harmonisches Kunstwerk darstellten, entsprechen konnte, so erinnerte sie in ihrer Anlage und Gestaltung doch ein wenig daran.[10]

Zeitgleich wurde die Damenkonfektionsabteilung im ersten Stockwerk beträchtlich vergrößert, da ihr bisheriger Umfang »dem ständigen Steigen der Kundenzahl«[11] nicht mehr genügte. Mit dem Einkäufer Erich Jacoby aus Charlottenburg **(Abb. 5)** war auch ein neuer Ab-

Abb. 5: Erich Jacoby, Porträt, 1939, Privatbesitz

teilungsleiter gefunden worden. Gerade diese Veränderungen waren dadurch begünstigt worden, dass sich im Januar 1927 die »Sächsische Textilgesellschaft mbH« (SÄTEX) als »Einkaufshaus Hermann Tietz«, das eng mit der »Tietz Ex- und Import-Gesellschaft mbH« in Berlin verbunden war, in Chemnitz endgültig niederließ. Ihre Geschäftsräume hatte die SÄTEX zunächst in dem bahnhofsnahen Fabrikgebäude Obere Georgstraße 3–5, bevor sie im Jahr 1928 in Bernsteins Fabrikneubau Zwickauer Straße 173–175 zog.

Die Umbaumaßnahmen, die mit erforderlichen Ausbesserungsarbeiten der Dachdecken im vierten Obergeschoss und dem Einbau einer Dieselmotoranlage im Kellergeschoss beendet wurden, führten insgesamt zu einer Vergrößerung der Verkaufsfläche und einer wesentlichen Verbesserung der Arbeitsbedingungen für die zahlreichen Beschäftigten. Waren es im Mai 1927 noch 984 Angestellte und Arbeiter (davon 786 weibliche), so waren es zehn Monate später bereits etwa 1.250, denen 110 Haustelefon- und sechs Amtsanschlüsse zur Verfügung standen.[12] Zahlreiche Personen- und Lastenaufzüge dienten dem Verkehr der Kundschaft bzw. der Warenbewegung.

Die Geschäftsleitung nutzte die Rekonstruktion des Warenhauses, um die Kunden und Kundinnen mit Hilfe eines gelungenen »Tietz-Unterhaltungsspiels«[13] über die veränderte Anordnung der einzelnen Abteilungen und Verkaufsstände aufzuklären.

Als die Geschäftsleitung am 4. März 1928 »25 Jahre Chemnitzer Tietz« feierte, war sie mit Recht auf »die Errichtung der Konditorei« und »die Neuschaffung der herrlichen, einzig in ihrer Art dastehenden Lebensmittelabteilung« stolz, wodurch die Einkäufe für die Kunden so angenehm wie möglich gestaltet – oder ein »Erlebnis« – wurden.[14] Dank Basarkes Entwürfen erhielten die Verkaufsräume ein »wohnliches« Gepräge.[15] Damit war aber sein Engagement für

Abb. 6: Der ehemalige Orientteppichsaal, heute Veranstaltungsraum, Sammlung Nitsche

das Haus Tietz noch nicht beendet. Noch am 10. September 1934 erhielt er von Fürstenheim den Auftrag, die Eingänge ins Warenhaus umzubauen. Die dort im Winter entstehende Zugluft hätte immer wieder Erkrankungen des Personals hervorgerufen, hieß es im Antrag. Die von Basarke vorgeschlagenen Drehtüren wurden zwei Wochen später von den neuen Baubehörden genehmigt.

Das Warenhaus Tietz als Firma konnte die judenfeindliche Wirtschaftspolitik der Nationalsozialisten nicht überstehen. Das Gebäude dagegen überlebte die Luftangriffe der alliierten Streitkräfte im März 1945, wenn auch nur als Brandruine. Noch Jahrzehnte später erinnern sich Chemnitzer Bürger und Bürgerinnen an den wunderbaren Bau, der bis heute das Stadtbild prägt.

So teilte im Mai 2013 Hans-Günter Flieg, ein Cousin von Stefan Heym, dem Verfasser mit: »Bei Tietz habe ich zum ersten Mal einen Bau so bedeutender Innenausmaße gesehen: Den von einem Glasdach beleuchteten Innenhof, darum herum die Galerien mit den Verkaufsabteilungen und dem märchenhaften Orientteppichsaal.«[16] **(Abb. 6)** Gerhard Jacoby, der Sohn des erwähnten Abteilungsleiters, betonte auf Nachfrage des Verfassers im März 2005, dass er und seine Schwester Marion sich sehr wohl an das Kaufhaus Tietz erinnerten, obwohl sie damals noch Kinder waren. Für sie rief dies aber auch schmerzhafte Erinnerungen hervor, weil ihr Vater, der aufgrund der »Kristallnacht« seine geliebte Anstellung verlor, und ihre Mutter im Mai 1942 nach dem Osten deportiert und dort ermordet worden waren.[17]

Dank des Stahlbetonskeletts überstand das Verwaltungs- und Werkstättengebäude die »Terrornacht« des 5./6. März 1945 weitgehend unbeschadet. Daher konnte schon am 1. Dezember 1945

Abb. 7: Zerstörungen im Warenhaus, Frühjahr 1945, Stadtarchiv Chemnitz

Abb. 8: Firmenbriefkopf des ERWA, 1945, Privatbesitz

das »Erzgebirgische Warenhaus« (ERWA), das von Dr. Carl Walter Müller (1899–1959), dem letzten Betriebsführer des Warenhauses Tietz, als Nachfolgehaus gegründet worden war, in den Anbau und Teile des zerstörten Hauptgebäudes einziehen. **(Abb. 7)** Dr. Müllers »Bauvorhaben Kaufhaus ERWA«, für das er im Februar 1946 den Chemnitzer Architekten Heinz Lieberwirth (1914–1969) gewonnen hatte, sahen zunächst die Instandsetzung des Erdgeschosses an der Post- und Wiesenstraße vor, womit 15.000 Quadratmeter Verkaufsfläche geschaffen werden sollten. Ferner sollten ein Schneidereinbau, Verkaufs- und Büroräume sowie Wohnungen eingebaut werden. Obwohl die Behörden der Stadt die Dringlichkeit der Bauvorhaben genehmigt hatte, wurden diese im Juli 1947 von den Landesbehörden im Rahmen ihrer Bauplanung abgelehnt. **(Abb. 8)** Das ERWA blieb daher bis zu seiner endgültigen Liquidation im Jahr 1949 ein Provisorium.[18]

Seit November 2013 erinnert ein Stolperstein vor dem Haupteingang des Kulturzentrums DAStietz an den während des Novemberpogroms 1938 ermordeten Geschäftsleiter Hermann Fürstenheim.

Anmerkungen

1 Ratsbauakten der Stadt Chemnitz; Bauaktenarchiv.

2 Sächsische Biografie, Hrsg. vom Institut für Sächsische Geschichte und Volkskunde e.V.

3 Für die Geschäftsleitung der Firma H. & C. Tietz, die mittlerweile in Frankfurt (Main) ihren Sitz hatte, war dies das Alleinstellungsmerkmal ihres Chemnitzer Warenhauses in Sachsen.

4 Mit diesen Grund- oder Leitsätzen warb Tietz im 25. Jahr seines Bestehens in Chemnitz in der breiten Öffentlichkeit.

5 Das vierte Obergeschoss beherbergte fortan die modern eingerichtete Lebensmittelabteilung. Neben der Imbisstheke, der Kaffeerösterei, der Warenausgabe und der Kasse fanden die Kunden dort die Verkaufsstände für Früchte, Liköre, Konfitüren, Kaffee und Tee, Kolonialwaren, Butter und Käse, Wurstwaren, Fisch- und Fleischkonserven sowie Gemüse- und Obstkonserven vor.

6 Erich Basarke, mit einer Einleitung von Otto Höver, Chemnitz [1928], S. XII.

7 Warenhaus H. & C. Tietz, Chemnitz, in: Die Kreishauptmannschaft Chemnitz und ihre Jubiläumsfirmen. Leipzig 1929, S. 3.

8 Das neue Restaurant im Hause A. Wertheim GmbH, Berlin, Leipziger Platz, in: Zeitschrift für Waren- und Kaufhäuser, Berlin, Nr. 14, 1927.

9 Allgemeine Zeitung, Chemnitz. Nr. 247, 20. Oktober 1928.

10 Vgl. Jubiläum eines großen Geschäftshauses. 25 Jahre H. & C. Tietz in Chemnitz, in: Chemnitzer Neueste Nachrichten, Chemnitz, Nr. 53, 3. März 1928.

11 Vgl. Das Tietz Chemnitz. Geschichte eines Warenhauses, hrsg. v. Jörn Richter, Chemnitz 2004, S. 36/37. Das Buch enthält einen Abdruck des Original-Unterhaltungsspieles.

12 Vgl. Jubiläum eines großen Geschäftshauses. 25 Jahre H. & C. Tietz in Chemnitz, in: Chemnitzer Neueste Nachrichten, Chemnitz, Nr. 53, 3. März 1928.

13 Anm. 6.

14 Hans Günter Flieg (São Paulo), Erinnerungen an die Kaufhäuser TIETZ und SCHOCKEN in Chemnitz, unveröffentlicht, Mai 2013. Im Besitz des Verfassers.

15 Gerhard Jacoby (Stockholm): Vorschlag zu einem Erinnerungsbericht, unveröffentlicht, 8. März 2005. Im Besitz des Verfassers.

16 Jürgen Nitsche: Das »Erzgebirgische Warenhaus« (ERWA). Ein hoffnungsvolles Aufbauprojekt und sein Scheitern, in: ERWA. Erzgebirgisches Warenhaus. Walter Müller Chemnitz 1945–1949, Chemnitz 2005.

KAUFHAUS SCHOCKEN

Brückenstraße 9–11 / heute: Stefan-Heym-Platz 1

Baujahr(e): 1929/1930
Architekt: Erich Mendelsohn, Berlin
Innengestaltung: Bernhard Sturtzkopf (Baubüro Schocken)
Bauleitung: Baubüro der Schocken KG
Umbau zum Staatlichen Museum für Archäologie Chemnitz (smac): 2010–2014
Architekten: ARGE Knerer & Lang (Dresden) mit Auer – Weber (Stuttgart)
Foto: Pressefoto Wolfgang Schmidt, Chemnitz, 2020

Erich Mendelsohns Entwürfe zum Kaufhaus Schocken in der Chemnitzer Innenstadt. Vom modernen Warenhaus zum Staatlichen Museum für Archäologie Chemnitz (smac)

Thomas Morgenstern

Den wohl weithin bekanntesten und bedeutendsten Warenhausbau der Moderne verkörpert das Kaufhaus Schocken in Chemnitz an der Brückenstraße, heute: Stefan-Heym-Platz 1. Es zählt zu den bedeutenden Bauten der Internationalen Moderne, bei dem in genialer Weise das Zusammenwirken von Funktion, Konstruktion und Gestaltung umsetzt wurde. Nicht weniger bedeutsam für die Architekturgeschichte ist sein Schöpfer, der jüdische Architekt Erich Mendelsohn (1887–1953). **(Abb. 1)** Nach den bereits von ihm für den Schocken-Konzern geplanten und realisierten Warenhäusern in Nürnberg und Stuttgart beabsichtigten die jüdischen Auftraggeber Simon

Abb. 1: Erich Mendelsohn um 1930, Archiv Denkmalschutzbehörde Chemnitz

und Salman Schocken mit Mendelsohn ein drittes, noch größeres Warenhaus in Chemnitz zu errichten. Die Industriemetropole Chemnitz mit ihren damals 350.000 Einwohnern hatte zudem eine zentrale Lage in einem der bevölkerungsreichsten Gebiete Deutschlands.[1] Erste Gespräche dazu gab es 1927 zwischen Bauherren und Architekt, anfangs überschattet von Streitigkeiten wegen der Verteuerung des noch in der Bauausführung befindlichen Stuttgarter Projektes. **(Abb. 2)**

Abb. 2: Schocken Stuttgart, Bundesarchiv, Bild 102-07016/CC-BY-SA 3.0

Als Standort für das neue Warenhaus erwarben die Gebrüder Schocken ein Grundstück in der Chemnitzer Innenstadt, nordöstlich des mittelalterlichen Stadtkerns, unweit des Hauptbahnhofes. Die dort vorhandene ältere Bebauung, so das Städtische Versorghaus von 1811, musste dafür abgebrochen werden. Erich Mendelsohn fertigte 1928 seine ersten Entwürfe für das Bauprojekt, nachdem am 30. Dezember 1927 der Vertrag zwischen Bauherren und Architekt ausgehandelt und unterschrieben war. Insgesamt 57 Planzeichnungen wurden erstellt, ehe dann im April 1929 endlich der Bauantrag eingereicht werden konnte. Am 17. Juli 1929 wurde eine erste Baugenehmigung erteilt, am 6. Februar 1930 ein Nachtrag aufgrund geänderter Pläne. Baubeginn war im Juli 1929 und bereits am 15. Mai 1930 erfolgte die feierliche Eröffnung. Die detaillierte Ausführungsplanung und Bauleitung übernahm das versierte Baubüro der Schocken KG unter Leitung von Willy Heinze. Die Entwürfe für die innere Ausgestaltung der Verkaufsetagen erstellte der seit 1928 als künstlerischer Leiter im Baubüro Schocken eingestellte ehemalige Bauhausschüler und Gropius-Mitarbeiter Bernhard Sturtzkopf. Generalübernehmer für die Bauausführung war die Berliner Firma Held & Francke, unterstützt durch zahlreiche meist ortsansässige Bau- und Handwerksfirmen.

In Erich Mendelsohns ersten Entwurfsskizzen ist noch ein asymmetrischer Baukörper zu sehen, der das konisch zulaufende Baugrundstück ausfüllt, anfangs auch mit einem kaufhaustypischen Lichthof. **(Abb. 3)** Jedoch brachte er in der Endfassung seines Entwurfs wieder eine klare Fassadensymmetrie mit der konvex geschwungenen Bandfassade. Diese gab der verbrochenen Grundstücksecke eine großzügige Weite und Eleganz in der Wirkung im städtebaulichen Raum. Ein 56 Meter breiter Erker vor den fünf

Abb. 3: Entwurfsskizze von Mendelsohn 1927, Archiv Denkmalschutzbehörde Chemnitz

Abb. 4: Fassadenbild, Archiv Denkmalschutzbehörde Chemnitz

Hauptgeschossen hebt sich ca. einen Meter von der eigentlichen Fassadenebene ab. Darüber befinden sich drei Staffelgeschosse, wobei das letzte nur eine mit Flachdach überdeckte teilweise offene Terrasse ist. Der Fassadenerker wird von den beiden seitlichen Treppenhäusern mit gerasterter Verglasung gefasst. Das Erdgeschoss mit den vier gleichmäßig über die Fassade verteilten Hauseingängen und den großen Schaufenstern setzt sich klar von den Obergeschossen ab. Diese Wirkung unterstützt noch ein Oberlichtband mit liegenden Rechteck-Fensterformaten, die in den Rasterfenstern der Treppenhäuser gestalterisch aufgefangen werden. Das Eisenbeton-Rahmenskelett beruht auf einem gleichmäßigen Stützenraster von 6,60 x 6,90 Meter, und nur zur konvexen Fassade hin variieren die Abstände der letzten Rahmenfelder von 4,25 bis 8,80 Meter. Durch das Prinzip der Kragträger konnte die Bandfassade völlig frei konzipiert werden. **(Abb. 4)** Auf die Eisenbetondecken wurden die 1,80 Meter hohen Brüstungen gemauert und daran außen die hellen Kalksteinplatten befestigt, darüber die ohne vertikale Unterbrechung gereihten Holzrahmenfenster als Oberlicht-Fensterband. Dadurch konnten an den Außenwänden auch Regale gestellt werden und die Oberlichtfenster brachten das Tageslicht weit in die tiefen Verkaufsetagen. Personenaufzüge, Rolltreppen und sogar Telefonkabinen gehörten zur weiteren Ausstattung.

Die Familie Schocken musste emigrieren und wurde nach den Novemberpogromen 1938 enteignet. Im Dezember 1938 erfolgte die Umbenennung des Warenhauskonzerns in »Merkur Kaufstätte AG«. In das bei den Bombenangriffen im März 1945 nur wenig beschädigte Kaufhaus zogen bald die Landesversicherung, die Volkssolidarität und die Konsumgenossenschaft ein. Anfang 1952 erfolgte die Übernahme des Gebäudes durch die HO. Mit Jahresbeginn 1965 wurden beide Warenhäuser der neu gegründeten Vereinigung Volkseigener Warenhäuser Centrum mit Sitz in Leipzig angeschlossen. Die ehemaligen Kaufhäuser Tietz und Schocken firmierten nun als HO-Centrum-Warenhäuser »Zwei Häuser – ein Name«. **(Abb. 5)**

Nach der deutschen Wiedervereinigung übernahm 1991 die Kaufhof Warenhaus AG beide Häuser. Mit der Planung der neuen Galeria Kaufhof in bester City-Lage am Neumarkt durch das prominente deutsch-amerikanische Architekturbüro Jahn & Murphy wurden die beiden Häuser mit Unterstützung der Stadt an die kommunale Grundstücks- und Gebäudewirtschaftsgesellschaft mbH (GGG) veräußert und eine Nachnutzung mit Unterstützung der öffentlichen Hand avisiert. Nachdem das Tietz für städtische Kultureinrichtungen bereits 2001 umgebaut wurde, stand das Schocken längere Zeit leer. Seitens der Stadt Chemnitz bestand bald Überein-

Abb. 5: HO-Centrum-Warenhaus um 1970, Archiv Denkmalschutzbehörde Chemnitz

stimmung mit der Landesarchäologin Frau Dr. Judith Oexle, im Schocken das neue Landesmuseum für Archäologie einzurichten. Es sollte aber noch einige Zeit dauern, bis diese Vision realisiert werden konnte. Erst 2010 begannen die Umbauarbeiten zum Archäologiemuseum. Bauherr war die PVG Projektierungs- und Verwaltungsgesellschaft Schocken mbH, eine Tochter der GGG. Die Ausstellungsgestaltung realisierte das Atelier Brückner aus Stuttgart. Am 15. Mai 2014 eröffnete das Staatliche Museum für Archäologie Chemnitz (smac). Auf etwa 3.000 Quadratmetern Ausstellungsfläche wird in auf drei Etagen die Entwicklung Sachsens von der Zeit der ersten Jäger und Sammler bis zur beginnenden Industrialisierung dargestellt. Ein durch alle drei Etagen der Dauerausstellung schwebendes Landschaftsmodell von Sachsen befindet sich etwa in der Mitte des Hauses. Das über Videoprojektionen veränderbare Relief kann sich in verschiedene Landesregionen auflösen und wieder zusammensetzen. Es zeigt unterschiedliche historische Zustände des Freistaates.[2] Für dessen Einbau waren statisch aufwendige Verstärkungen des Tragsystems erforderlich, da Stützen und Unterzüge entfernt werden mussten. An der gesamten Entwicklungs- und Sanierungsphase konnte der Autor dieses Beitrages als Leiter der für den Denkmalschutz zuständigen Genehmigungsbehörde teilhaben. Die Wiedergabe dieser sehr interessanten Tätigkeit könnte ein Buch füllen. Hier nur ein paar Fakten: Die Idee für die Einrichtung des Landesarchäologiemuseums im Chemnitzer Warenhaus Schocken wurde 2003 von der damaligen Landesarchäologin Dr. Judith Oexle und dem Chemnitzer Baubürgermeisters Ralf-Joachim Fischer entwickelt. Frau Dr. Oexle war begeistert von diesem Meisterwerk der Moderne, den großflächigen leeren Etagen, die für ein progressives Museumskonzept sehr geeignet schienen. Eine großzügige Rolltreppe im Zentrum des Gebäudes würde die Besucher langsam nach oben befördern und ihnen dabei einen ersten Überblick über die Etagenkonzepte geben. Der individuelle Besucherrundgang sollte dann in den Zeitschichten von oben nach unten erfolgen. Bevor die politische Entscheidung dann auf Landesebene endlich feststand, waren die Protagonisten nicht mehr im Amt. So kam das Museumskonzept – aber etwas anders. Die GGG beauftragte vorerst das Architekturbüro Reith + Wehner aus Fulda, in einer Machbarkeitsstudie die Realisierungsfähigkeit des Projektes in Hinblick auf Flächen- und Raumprogramm, Denkmalverträglichkeit und Kosten zu prüfen. Das Ergebnis war positiv. Im März 2007 wurde durch den Freistaat Sachsen die Realisierung des Projektes beschlossen. Im Ergebnis einer Ausschreibung unter aufgeforderten Architekten erhielt die Arbeitsgemeinschaft der Architekturbüros

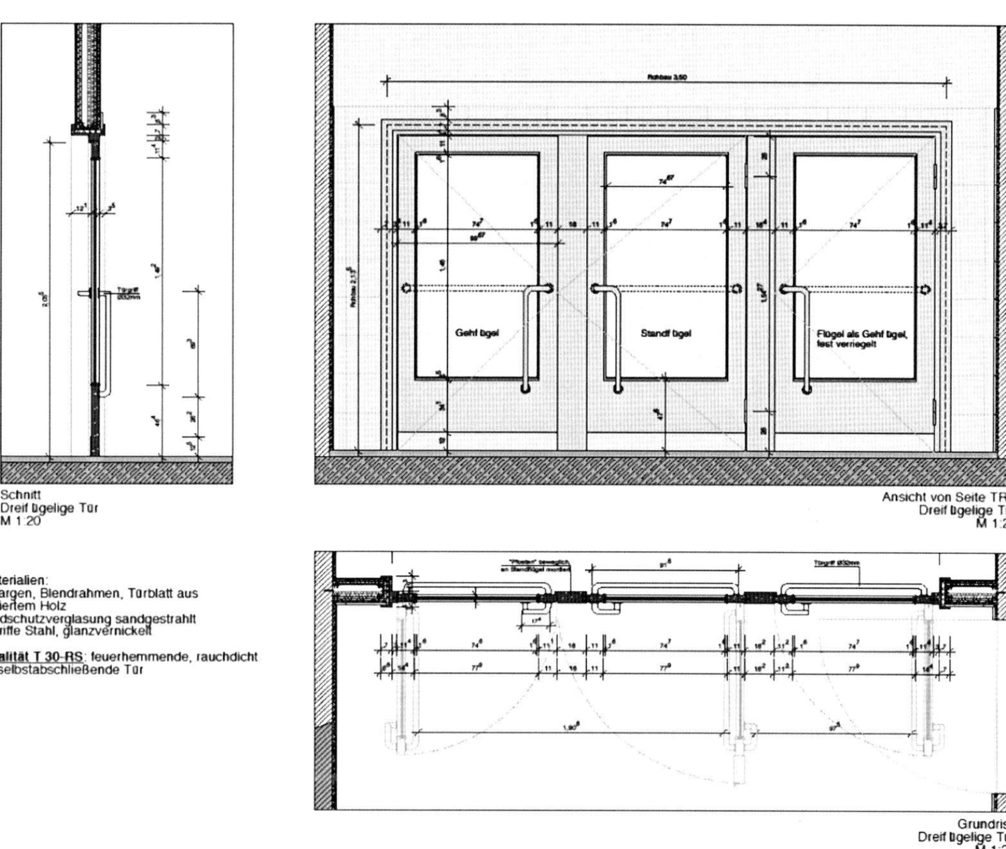

Abb. 6: Entwurfszeichnung für die Türen zu den Treppenhäusern 2011, Architekturbüro Knerer & Lang, Dresden

Auer-Weber (Stuttgart) und Knerer & Lang (Dresden) den Planungsauftrag. Vor Baubeginn – und später baubegleitend – wurde der Ist-Zustand des Baudenkmals ausführlich dokumentiert.

Das neue Museumskonzept ging nun wieder von einer Erschließung für die Besucher vom zentralen Erdgeschossbereich aus. Über Rampen gelangt man in die Obergeschosse. Dafür musste das große rückwärtige Treppenhaus entfernt werden. Es blieben jedoch die beiden vorderen seitlichen Treppenhäuser an der Hauptfassade erhalten und wurden restauriert. Die originale Wandverkleidung mit Solnhofer Platten konnte mittels gleichartiger Platten, geborgen aus dem Abbruch des hinteren Treppenhauses, denkmalgerecht ausgebessert werden. Die dreiteiligen Zugangstüren zu den einzelnen Etagen waren nicht mehr original und genügten auch nicht mehr den heutigen Brandschutzanforderungen. Sie wurden originalgetreu nachgestaltet mit dunklem Holzfurnier. **(Abb. 6)** Lediglich der Bodenbelag in Treppenhäusern, einst aus Hartholz bestehend, wurde in den 1960er Jahren durch rotbraunen Terrazzo ersetzt. Dieser wurde belassen und aufgearbeitet. Um die Hauptfassade war es schlimmer bestellt. Die Voruntersuchungen von Reith + Wehner und beteiligter Steinrestauratoren offenbarten große Schäden. Die hohen Brüstungsplatten waren desolat, zu dünn und nicht mehr aus dem originalen Kalkstein. Wahrscheinlich wegen ständig auftretender Schäden tauschte man über die Jahrzehnte die beschädigten Platten fast komplett aus. Dafür wurde Travertin aus dem thüringischen Oberdorla verwendet, etwas dunkler als das originale Material. So wurde übereinstimmend beschlossen, die Brüstungsbänder wegen der wichtigen gestalterischen Einheitlichkeit komplett zu erneuern. In den Ratsbauakten wurde noch ein Hinweis vom Baubüro Schocken auf den damaligen Steinlieferanten, einen Steinbruch in Oberfranken, gefunden. Und welch ein Glück, dieser existierte noch und konnte den adäquaten Kalkstein liefern! Die Dicke der ca. 2 Meter hohen Platten wurde wegen der Bruchsicherheit von 3 bis 4 auf 5 bis 6 Zentimeter erhöht. Die Brüstungen wurden neu aufgemauert und erhielten eine Wärmedämmung zwischen Mauerwerk und Kalksteinplatten. Die nicht mehr originalen Fensterbänder – hier wurde durch HO Centrum noch in den 1980er Jahren ein braunes Sonnenschutzglas eingesetzt – mussten ebenso komplett erneuert

Abb. 7: Vitrinenwand smac 3. Etage, 2014, Wikipedia Karl-Heinz Röhrig Lizenz CC BY-SA 2.0.de

werden. Wegen der relativ niedrigen Raumhöhen und den darunter liegenden Stahlbetonbalken schied eine Unterhangecke mit verlegten Kabelbündeln der Haustechnik aus. Aber die Architekten machten »aus der Not eine Tugend«: Parallel zur Hauptfassade entstand in den Obergeschossen an der letzten Stützenreihe eine dicke Installationswand für Medien, gleichzeitig die Museumsräume vor der Sonne abschirmend und als Ausstellungswand beidseitig nutzbar. **(Abb. 7)** Der neue Fußboden im ca. 3 Meter breiten Fassadengang wurde 90 Zentimeter aufgestelzt, sodass hier auch noch ein Installationskanal entstand und gleichzeitig die Oberlichtfenster auf Blickhöhe der Besucher gebracht wurden. Der abgetrennte Erkergang wird für drei kleinere Ausstellungen zur Geschichte des Kaufhauses,

Abb. 8: Das neu eröffnete smac am Abend, 2014, Pressefoto Wolfgang Schmidt, Chemnitz

zu den Bauherren Schocken und zum Architekten Erich Mendelsohn genutzt. Man könnte noch vieles erläutern. Das Bemühen um Detailtreue, ob bei der Farbgebung, den Hauseingängen, dem Schocken-Signet etc. war immer gegenwärtig. Auch die von Erich Mendelsohn beabsichtigte und propagierte unterschiedliche Tag- und Nachtwirkung der Bandfassade wurde in mehreren Beleuchtungstests wieder erzeugt. **(Abb. 8)** Mit viel Engagement, Denkmalpflegeverständnis und Fachkenntnis haben die beiden Architekturbüros, Fachplaner, Designer, Restauratoren und Ausführungsbetriebe ein überzeugendes Werk geleistet.[3]

Das Kaufhaus Schocken in Chemnitz – eine Würdigung

Jürgen Nitsche

Worin bestand die Bedeutung des Kaufhauses Schocken in Chemnitz, das am 15. Mai 1930 eröffnet wurde? **(Abb. 1)** Im Nachhinein lässt sich feststellen, dass das Chemnitzer Kaufhaus all das verkörperte, wofür die Brüder Simon und Salman Schocken frühestens seit 1901, als die Keimzelle ihres späteren Kaufhauskonzerns in Zwickau dank der Unterstützung der Brüder Ury aus Leipzig entstand, oder

Abb. 1: Blick auf Chemnitz, im Vordergrund Kaufhaus Schocken, 1930, Ansichtskarte, Sammlung Nitsche

spätestens seit 1906, als sie sich von den Brüdern getrennt hatten, eintraten. Das Kaufhaus Chemnitz war das letzte Kaufhaus, das die Brüder gemeinsam geplant hatten.[4] Die Pläne gingen schon weit ins Jahr 1903 zurück, als Salman Schocken ein eigenes Kaufhaus gründen wollte, sich dann aber doch für Oelsnitz im Erzgebirge und nicht für Chemnitz als Standort entschied. **(Abb. 2)**

Das Chemnitzer Kaufhaus war der Prototyp eines neuen Kaufhaustypus. Damals wurden die Schockenkaufhäuser infolge der Zweckmäßigkeit und Sachlichkeit ihrer Außen- und Innenarchitektur allgemein als richtungsweisend für den modernen Geschäftshausbau angesehen. **(Abb. 3)**

Die Kaufhäuser enthielten die »Schockenwaren«, standardisierte Waren mit hohem Gebrauchswert. Die Neuerungen wurden damals in der Literatur als »Schocken-System« bezeichnet, zu dem das unverwechselbare Erscheinungsbild, die Qualitätskontrolle, die Preiswürdigkeit und die Kundenbehandlung gehörten. **(Abb. 4)**

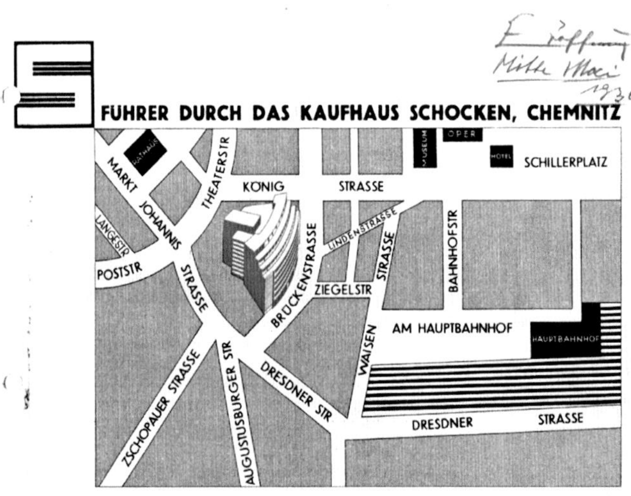

Abb. 2: Führer durch das Kaufhaus Schocken Chemnitz, 1930, Privatbesitz

Abb. 3: Kaufhaus Schocken Stuttgart, 1930, Gedenkbuch der Schocken KG

Abb. 4: Schocken-Zeichen, entworfen 1926, Sammlung Nitsche

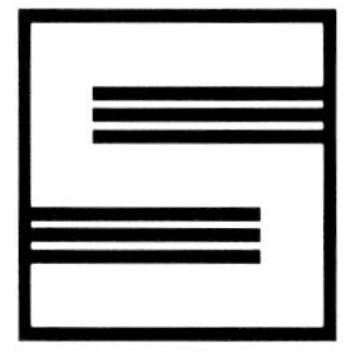

Durch die Eigenproduktion ausgewählter Massenartikel (u. a. Textilien, Strümpfe) wurden dauerhaft Preisvorteile erreicht. Die Brüder nutzten schon seit Januar 1920 den Standort Chemnitz als Einkaufshaus für Strumpfwaren. Eine eigene Strumpffabrik befand sich zunächst in einem älteren Industriebau an der Limbacher Straße, bevor sie im Februar 1928 in die damalige Vorstadt Siegmar verlagert wurde. Der im August 1922 eingeführte »Schocken-Index« (Erfassung der Verkaufspreise von 303 Warenarten, ausgehend von den Vorkriegspreisen) bewirkte zudem eine effiziente Preiskontrolle. Ergänzt wurde das Verkaufsprogramm durch eigene Hausmarken: ADINA (Fotoartikel) oder AUDIPHON (Schallplatten), um nur zwei zu nennen.

Den Bau des Hauses hatte man in Chemnitz vom ersten Spatenstich an mit besonderem Interesse verfolgt, weil der Name der

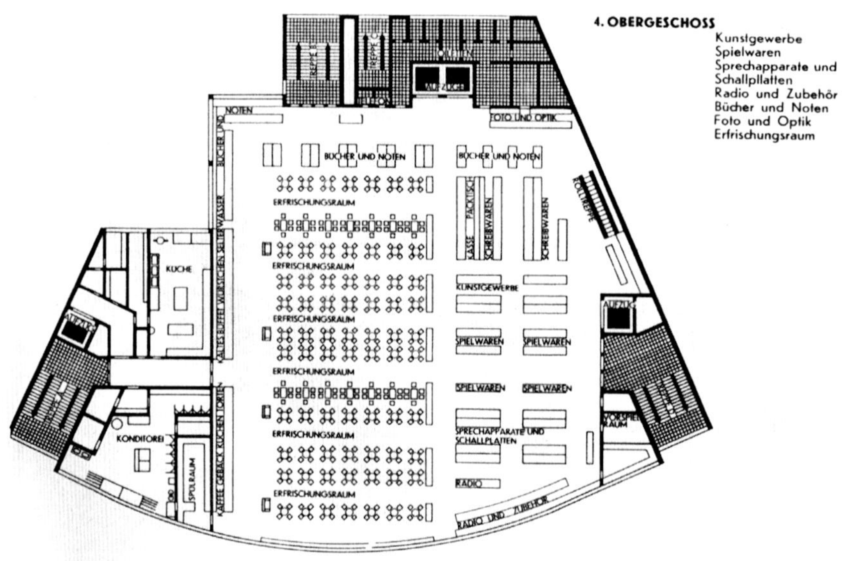

Abb. 5: IV. Obergeschoss, Führer durch das Kaufhaus Schocken Chemnitz, Privatbesitz

Schocken Kommanditgesellschaft auf Aktien, immerhin laut Eigenwerbung »Sachsens bedeutendste Einzelhandelsfirma«, mit zahlreichen Zweigniederlassungen im Freistaat für die Chemnitzer Bürger bereits einen vertrauten Klang hatte.

Entsprechend eigener Grundsätze, für die die Brüder Schocken seit Jahren eintraten, bewegten sich die Grundstücks-, Bau- und Einrichtungskosten für das Chemnitzer Kaufhaus in Höhe von 5.294.712 Mark im Rahmen der Vorkalkulation. Nur 201.947 Mark waren Kosten für nachträgliche Änderungen und Ergänzungen.

Das Kaufhaus mit einer Grundfläche von 2.390 Quadratmetern bestand aus neun Geschossen für Verkauf, Bürozwecke und die Einlagerung von Waren. Das Erdgeschoss und vier Obergeschosse wurden zu Verkaufszwecken genutzt. Damit konnte die Geschäftsleitung, an deren Spitze zunächst Carl Lewin und Ludwig Kratochvil standen, eine Verkaufsfläche von 7.250 Quadratmetern nutzen.[5] Das Warenangebot war auf neun Abteilungen mit über 50 Verkaufsständen verteilt. **(Abb. 5)** Die frühere Brückenschule wurde unter anderem als Lager- und Versandgebäude für Waren aus Eisen, Metall und Holz genutzt. 72 Handfeuermelder und automatische Deckenfeuermelder sorgten für die Sicherheit im Brandfall.

Die erste Rolltreppe in der Stadt war eine Sensation. Einige Bürger und Bürgerinnen erinnerten sich noch in der jüngsten Zeit lebhaft daran. So berichtete Hans-Günter Flieg, der ab 1934 das am früheren Karl-Marx-Platz[6] gelegene Realgymnasium besuchte, im Mai 2013 dem Verfasser: »Die erste Rolltreppe der Stadt habe natürlich ich ausprobiert.« Und er ergänzte noch, einige seiner »arischen« Mitschüler hätten oft von ihrem eigenen Nachmittagsprogramm geschwärmt: »Heid noachmiddach gähmer bein Schuden Rolldrebbe

Abb. 6: Verkäuferinnen der Weinabteilung, Kaufhaus Schocken Chemnitz, 1938, Privatbesitz

Abb. 7: Kaufhaus Schocken Chemnitz bei Nacht, Ansichtskarte, 1930, Sammlung Nitsche

foahrn.«[7] Justin Sonder, einer der letzten Auschwitz-Überlebenden, wuchs unweit des Kaufhauses auf. Er teilte dem Verfasser hingegen mit, dass er die Verkaufsräume im Erdgeschoss in seiner Kindheit oftmals als Spielplatz bzw. im Winter zum Aufwärmen nutzte. Besonders begeistert war er von den Abteilungen für Briefmarken und Schallplatten.[8]

Das neue Kaufhaus mit immerhin 731 Beschäftigten (1933) bedeutete für die einstige »Stadt der Arbeit« nicht nur eine städtebauliche und architektonische Bereicherung **(Abb. 6)**, Chemnitz war auch um eine wirtschaftliche Idee reicher geworden, die ihre Anziehungskraft auf die nähere und weitere Umgebung nicht verfehlt hatte. Davon profitiert die »Stadt der Moderne« heute noch, wenn auch mit anderem Inhalt.[9] **(Abb. 7)**

Simon Schocken (1877–1929) – »ein Bauherr im wahrsten Sinne des Wortes«. Ein Rückblick

Jürgen Nitsche

Der Großkaufmann S. Schocken Senior, so sein Name in der Geschäftspost, befand sich auf dem Höhepunkt einer erstaunlichen Karriere, als er im Alter von nicht einmal 55 Jahren am 24. Oktober 1929 in Berlin an den Folgen eines Autounfalls starb. **(Abb. 1)** Obwohl der Gemeindevorsteher und Sozialmäzen über 30 Jahre im Lichte der Öffentlichkeit wirkte, ist sein Name nahezu in Vergessenheit geraten – und dies trotz seiner beachtenswerten Verdienste bei der Entwicklung der Kaufhauskultur in Deutschland. In über 25-jähriger Zusammenarbeit hatte er mit Salman Schocken (1877–1959), seinem jüngeren Bruder, den nach ihnen benannten Warenhauskonzern mit insgesamt 19 Niederlassungen und zahlreichen Anschlussgeschäften[10] aufgebaut.

Abb. 1: Simon Schocken, Porträt, um 1925, Privatbesitz

Wurden Simon Schockens Verdienste bei der Entwicklung des Einzelgroßhandels in Deutschland wenigstens am Rande erwähnt, so fand seine Rolle als Bauherr im Warenhausbau hingegen gar keine Beachtung.

Wie groß war nun sein Einfluss auf die Bautätigkeit der Schocken Kommanditgesellschaft in den 1920er Jahren? Unter der Leitung ihres Baubüros[11], teilweise unter Heranziehung namhafter Architekten wie Hermann Münchhausen (1866–1948) und Erich Mendelsohn (1887–1953), wurde in dieser Zeit eine Anzahl von Kaufhaus-Neubauten u.a. in Nürnberg, Stuttgart, Crimmitschau und Waldenburg (Schlesien) errichtet. Gerade diese Bauten gaben dem »Konzern aus Sachsen« ein besonderes Gesicht von Klarheit, Großzügigkeit und Versachlichung.[12]

Da es im Nachhinein fast unmöglich ist, die Einzelleistungen der kongenialen Brüder voneinander zu trennen, sollen an dieser Stelle Wegbegleiter zu Wort kommen: Rückblickend sagte Salman Schocken in seiner Gedächtnisrede für seinen Bruder: »Ich sehe seine Laufbahn als ewige Arbeit am Bau.«[13]

Wenige Monate später, bei der Eröffnung des Chemnitzer Kaufhauses am 15. Mai 1930, betonte er, Simon sei »nicht nur Kaufmann, sondern auch ein Bauherr im wahrsten Sinne des Wortes« gewesen.[14] **(Abb. 2 und 3)** Salman Schocken, der die deutsche Sprache liebte, mochte den Begriff, mit dem man so treffend einen Menschen benannte, der den Auftrag für den Bau eines Hauses erteilte. Und er hob hervor, dass sein Bruder »alle Details, alle Voraussetzungen, alle Gesetze, aus denen ein Bau entstehen sollte, beherrschte. Er beherrschte die Grundlagen, auf denen Räume zu schaffen sind, und er wusste, wie man einen Quadratmeter Raum verwenden soll.«[15] Doch er war mehr als nur ein Bauherr, er war auch Bastler, Hersteller von Grundrissen und Berater des Handwerks in Zwickau.

Auch für den großartigen Architekten Erich Mendelsohn[16] war Simon Schocken mehr als nur ein »Bauliebhaber«, dessen »fanatische Liebe« naturgemäß nicht seinem tatsächlichen Können ent-

Abb. 2 und 3:
Kaufhaus Schocken in Chemnitz, Baustellenfotos, 1929/30, Privatbesitz

sprach. Als Freund sah er in ihm »auch ohne Bauschule [...] einen Baumeister, weil er ein konstruktiver Mensch war, eine aufbauende Persönlichkeit«.[17]

Zahlreiche Siedlungsbauten in Zwickau-Weißenborn[18] sowie Trauerhallen für jüdische Friedhöfe in Zwickau (1907), Wesermünde (1926) und Landsberg an der Warthe (1928) sind noch heute Beweise für seine diesbezüglichen Aktivitäten. Eine weitere Friedhofshalle, die in Gelsenkirchen erbaut werden sollte, wurde Opfer der Weltwirtschaftskrise.

Noch im September 1928 verfolgte Simon Schocken, der sich gerade in dieser Zeit intensiv mit dem strittigen Konzept »jüdischer Architektur«[19] befasste, das Vorhaben, eine Broschüre über Friedhofskunst herauszugeben. Darin wollte er die Friedhofshallen, die er nach einem bestimmten Stil erbauen ließ, zeigen und diese mit anderen Trauerhallen vergleichen.

Was ist über Simon Schockens tatsächliche »Bautätigkeit« überliefert?

Die Familie hatte die Anwaltstochter Dr. Margarete Turnowsky-Pinner (1884–1982), die in leitender Position für den von Salman Schocken gestifteten Stipendien- und Wohlfahrtsfonds des Konzerns tätig war, beauftragt, Daten und Begebnisse aus Kondolenzschreiben, Aufsätzen, Reden und Gesprächen in Gedenken an Simon Schocken zusammenzustellen. Aus diesem Grunde hatte Turnowsky-Pinner auch Heimatfreunde, Weggefährten und Mitstreiter des Verstorbenen gebeten, Erinnerungen aufzuschreiben. Die Sammlung blieb aufgrund der beginnenden nationalsozialistischen Herrschaft unvollendet. Eine Notiz bestätigte dies am Ende der Aufzeichnungen: »Infolge Abreise von Dr. Turnowsky nicht fertiggestellt«. Die Vertraute der Familie war im Juli 1933 mit ihren Töchtern Miriam und Rachel in das britische Mandatsgebiet Palästina emigriert.

Dennoch erlaubt diese einzigartige Sammlung, sich ein Bild von den Prinzipien der »Bautätigkeit« des Verstorbenen zu machen. Dr. Turnowsky-Pinner beschrieb diese wie folgt: »Hineinfühlen in den Anderen, das sichere Erkennen der Wirkung auf Dritte bildete zusammen mit seinem ausgeprägten Formgefühl die Grundlage seiner Arbeiten.«[20]

»Simon Schocken strebte«, schrieb sie weiter, »in Allem vollkommenen Lösungen nach. Seine Anregungen nahm er aus den lebendig aufgenommenen Erfahrungen jedes Tages. Sein einfacher und praktischer Verstand hinderte ihn, ungangbare Wege zu gehen. Er ergab sich nicht leicht, wenn ihm Schwierigkeiten gezeigt wurden, aber er wollte niemals Unmögliches. Seine Klarheit und sein ruhendes Selbstgefühl ließen ihn die Gefahr des Dilettantismus vermeiden. Er erkannte überlegendes Können und vor allem bessere Schulung Anderer an und verstand es, sie sich nutzbar zu machen.«[21]

Daher besprach Simon Schocken seine Bauentwürfe stets mit Architekten, u.a. mit Rudolf Stiefler in Cottbus. Fachleute erstellten die Bauzeichnungen und führten die Berechnungen aus. So hatte er schon im März 1906 den Zwickauer Architekten und Bauführer Otto Freiberg (1875–?) gebeten, die Bauzeichnungen zu der Friedhofshalle für die dortige Jüdische Gemeinde auszuführen.[22]

Simon Schockens Augenmerk galt vor allem der Inneneinrichtung der Kaufhäuser. Jeder Tisch, jeder Stuhl, ja jede Türklinke mussten seiner Kritik standhalten. Er ging dabei vom praktischen Verkaufsvorgang aus und zog die Abteilungsleiter und Einkäufer zu den Beratungen über den Bau hinzu. Aus den Korrespondenzen mit Mendelsohn ging hervor, welchen Einfluss auf die Gesamtgestaltung die Simon Schocken vorbehaltenen Pläne für die Inneneinrichtung hatten. Darüber hinaus ließ er die meisten Einrichtungsgegenstände nicht fabrikmäßig herstellen, sondern von Tischlern in den

Abb. 4: Kaufhaus Schocken in Zwickau, Grafik, Hauszeitung der Schocken KG, 1927

hauseigenen Werkstätten.[23]

Beim ersten Geschäftshausneubau, der ganz nach seinen Vorstellungen durchgeführt worden war, handelte es sich um den Umbau des »Kaufhauses Ury Gebrüder« in der Zwickauer Innenstadt, der am 18. März 1925 fertiggestellt worden war. Die Ausführung war dem Architekten und Künstler Hermann Münchhausen aus Berlin übertragen worden. **(Abb. 4)** Der Berliner Kunstkritiker Dr. Max Osborn (1870–1946)[24] hatte im Einverständnis mit Simon Schocken, dem »heimlichen Baumeister«, einen Aufsatz über diesen Bau geschrieben. Voller Bewunderung schrieb er: »Aus einem alten winkligen Geschäftshaus wurde ein modernes Warenhaus.« Besonders von der Einfachheit, Schlichtheit, Materialechtheit und wirksamen Geschlossenheit des Neubaus« war er angetan. Lobende Worte fand er vor allem, als er die neue Fassade beschrieb: »Die ersten Fassaden-Entwürfe zu dem Zwickauer Umbau hatte Simon Schocken selbst auf einer Reise nach Nürnberg entworfen. Sie wurden im Wesentlichen von Münchhausen übernommen, nur die Form der Fenster wurde etwas geändert, weil die Fassade in ihrer absoluten Einfachheit fast zuchthausartig gewirkt hatte.«[25]

Wohl den vollständigen Ausdruck fanden die eigenen Baugedanken Simon Schockens in den Kaufhäusern in Crimmitschau und Waldenburg, die vom konzerneigenen Baubüro ohne Mitwirkung fremder Architekten entworfen wurden. Hier konnte er all seine Ideen umsetzen: »In der Anordnung der Fenster, dem Aufbau der Stockwerke, in der Gruppierung der Räume, in der farbigen Ausstattung finden Sie diese Klarheit und Sachlichkeit wieder, die eine Forderung unserer Zeit an uns alle ist«, hatte er zuvor anlässlich der Eröffnung des Erweiterungsbaus in Cottbus resümiert.[26]

Die größten Bauten der Schocken KG, zu denen die Häuser in Nürnberg, Stuttgart und Chemnitz gehörten, übergab Simon Schocken jedoch Erich Mendelsohn. Wie weit er selbst auch bei diesen Bauten mitwirkte, zeigte die Ansprache von Mendelsohn bei der Gedächtnisfeier in Berlin:

»Simon Schocken nahm es, wenn er baute oder wenn er zum Bleistift griff, oder wenn man mit ihm am Zeichentisch und auf dem Bau konferierte, tief ernst; er vergrub sich gerade in die Einzelheiten, in die Details mit Begeisterung und Hingabe. Seine große kaufmännische Erfahrung und Begabung, die sich bis auf die oft vernachlässigten Kleinigkeiten, die psychologische Wirkung der Ausstellung der Ware, ihrer praktischen und gefälligsten Lagerung und Zurschaustellung erstreckte, trug wesentlich dazu bei, dass gleich das erste Objekt, das ich mit Simon Schocken zusammen bearbeiten durfte, das Nürnberger Schockenhaus, einen Typ herausbrachte, der völlig verschieden war von dem bisherigen Warenhaus und der damit seinen Stempel trägt. Bisher die steife Repräsentation, das falsche

Pathos, die beide das Wesen der Ware als eines einfachen Gegenstandes opferten, das heißt, die einfachste kaufmännische Klugheit vergaß zu Gunsten einer Museums-Architektur.

Dieser neue Typ, zu dem Simon Schocken – ich darf wohl sagen – als Kaufmann genau so viel beigetragen hat wie ich als Architekt, hat sich – deswegen spreche ich davon – in vier Jahren durchgesetzt, und zwar in allen Ländern der Welt. Nicht nur deshalb, weil unsere Zeit gewöhnt ist, in vier Jahren viel fertig zu bringen, sondern vor allem, weil sie auch fähig ist, das wirklich Richtige zu begreifen, wenn es nur einfach und auf dem Primat der Vernunft begründet ist.«[27]

Die letzten großen baulichen Arbeiten, die Simon Schocken vorbereitete, ohne ihre Vollendung noch sehen zu können, waren die Büroräume in der Berliner Jerusalemer Straße 65/66 (Anmietung: September 1929) und das Kaufhaus in Chemnitz (Eröffnung: Mai 1930). Bei dessen Eröffnung wies Salman Schocken mit Nachdruck darauf hin:

»Dieses Haus hier hat mein Bruder nicht mehr gesehen. Aber es gibt an diesem Bau kein Maß, an dem er nicht mitgewirkt hätte. Der Grundriss ist in seinen wesentlichen Charaktereigenschaften so geworden, wie er ist. – Mendelsohn sprach von den Schwierigkeiten des Grundstücks. Ich weiß, dass bei meinem Bruder Nächte ruhelos vergangen waren, bevor die Lösung für die Treppenhäuser und Räume, wie Sie sie hier sehen, gefunden war. Es ist charakteristisch für meinen Bruder: regelmäßig in der Nacht von 12 bis 4 Uhr saß er am Reißbrett und skizzierte. Ich habe ganze Stöße von Entwürfen für alle Bauten aus den letzten Jahren erst vor kurzer Zeit bei ihm gefunden. Immer waren es flüchtige, gradlinig hingeworfene Skizzen, die mich anmuten wie ein Manuskript Mozartscher Noten.«[28]

In der Ansprache vor dem Gesamtpersonal fügte Salman Schocken noch hinzu: »Ich weiß, dass dies Haus nicht gebaut wor-

Abb. 5: Simon-Schocken-Platz mit Gedenkstein in Zwickau, 1931, Leo Baeck Institute New York

den wäre, und nicht da wäre, wenn er nicht der Mann gewesen wäre, der er war, und ich weiß, dass viele Tausende, die mit ihm gemeinsam gearbeitet haben, von ihm den Eindruck fürs Leben behalten werden und ihm ein gutes Andenken weihen.«[29]

Als die Mitglieder der Familie Schocken in Gedenken an ihren verstorbenen Bruder und Onkel Simon am »Familientag« im Jahr 1930 ein Versprechen ablegten, wollten sie fortwährend »sein Andenken hoch und heilig halten«.[30] **(Abb. 5)**

Salman Schocken
Ansprache anlässlich der Pressekonferenz am 14. Mai 1930 im Hotel »Stadt Gotha« in Chemnitz[31]

Meine sehr geehrten Herren,

ich möchte Sie im Namen des Schocken-Konzerns begrüßen. Wir haben Sie zu einer kleinen Besprechung eingeladen, und ich danke Ihnen für Ihr Erscheinen.

Ich habe Sie hierher gebeten, weil wir die Erfahrung haben, dass es zwangloser und leichter möglich ist, sich in diesem Kreis ein bis zwei Stunden so zu unterhalten, dass die Teilnehmer ein anderes Bild von dem Unternehmen, das morgen eröffnet werden soll, bekommen, als wenn sie nur von außen her oder als Publikum, oder von dritter Seite versuchen, sich Material zu beschaffen, das sie beruflich oder privat brauchen. […]

Der Schocken-Konzern. **(Abb. 1)** gehört zu den wenigen Einzelhandelsfirmen, die in den letzten Jahren eine Reihe von Neubauten errichtet haben. Das Bauproblem steht überall auf der Tagesordnung und wird debattiert.

Ich möchte auf folgendes hinweisen: Der Bauindex steht auf 170 Prozent des Friedens. Es gibt unzählige Häuser der Vorkriegszeit, die da sind. Der neu Bauende muss einen Weg finden, die 70 Prozent Aufschlag in die Kalkulation einstellen zu können.

Hinzu kommt, dass alle Hausbesitzer durch Hypothekenaufwertung in einer günstigen Situation sind. Die Folge ist, dass nur gebaut werden kann, mit Mietzinssteuer – siehe Wohnhäuser – und in ein-

Abb. 1: Letzte Bauten der Schocken KG, Fotomontage, 1930, Sammlung Nitsche

zelnen Industrie- und Handelskreisen das Problem »Bauen« anders angesehen wird als es allgemein der Fall ist. [...]

Die Hauptschwierigkeiten des Bauens liegen darin, dass in der Regel ein Bauherr mit einem Bauvorhaben kommt, einmalig in seinem Leben. Er hat nicht die Erfahrungen, wie er eigentlich den Bau planen soll. Er beruft einen Architekten, der die Erfahrungen auch nicht hat; er kann nur schön bauen – und so kommen zwei Köpfe zusammen, die nicht wissen, in welchem Ausmaß der Bau geplant ist.

Tatsächlich wird aus dem Handgelenk gebaut, aus der Mutmaßung heraus, dass keine Rechnung zugrunde liegt. Dann wird der Auftrag erteilt. Es ergeben sich dann Änderungen, Schwierigkeiten – und zum Schluss kommt die Rechnung, die ein Zwei- bis Dreifaches dessen ergibt, was man sich eigentlich vom Bau vorgestellt hat, und zwar aus dem Grunde, weil ein Bauherr da ist, der nichts versteht, und die andere Seite, der Architekt, der mit dem Unverständnis rechnen muss im Guten und im Schlechten.

Wenn jemand heute die gegenwärtigen Baupreise kennt und bejaht, und die Fehler nicht macht, und dazukommen diese 70 Prozent Mehrspesen einsparen zu können auf Kosten der Fehler der vor dem Kriege erbauten Häuser – denn diese haben nicht nur 100, sondern 200–250 Prozent gekostet, weil sie in ihrer Anordnung nicht korrekt errechnet waren –; wer heute den Baumarkt analysiert, wer weiß, was er mit dem Quadratmeter erstellten Raumes anzufangen hat, der kann schließlich auch bauen.

Das Wesentliche liegt bei dem Quadratmeter, den man fertig erstellt hat. Es ist leicht, ein schönes großes Haus hinzustellen. Stellt man es hin und man weiß nicht, was auf jedem Quadratmeter sich abspielen kann, dann ist das Bauen kostspielig. [...]

Aus der Not der überhöhten Baupreise erwächst für die Bauherren von heute die Pflicht, mit jedem Quadratmeter zu kargen und seinen Betrieb so einzurichten, dass mit jedem Quadratmeter gewuchert wird, dass sich auf jedem Quadratmeter mehr abspielen muss als zu erwarten ist.

Ich weiß, dass unser Haus beurteilt werden wird: das ist alles im Innern und Äußern viel zu einfach. Tatsächlich sind die abgeschnittenen Spitzen abgeschnitten worden nach den Gesetzen der Wirtschaft und der Ästhetik. Doch das würde zu weit führen, wenn ich Ihnen darüber ausführlich berichten wollte.

Ich möchte Ihnen zum Schluss noch einige Worte über unsere Firma sagen:

1901 haben wir in Zwickau mit einem normalen, mittleren Warenhaus begonnen. Wir haben seit 30 Jahren ein eigenes System der Behandlung und Beobachtung des Einzelhandels durchgesetzt, das sich langsam entwickelt hat. Ich entsinne mich, dass ich 1903 in Chemnitz war, um hier die erste Filiale zu errichten. Wir sind in unserer Entwicklung davon abgekommen, und wir haben nach unserer Methode, uns in einem kleinen Orte zu sichern, uns in Oelsnitz (Erzgebirge) als Standort unserer ersten Filiale niedergelassen. Wir sind auf dem Wege über Lugau, Aue, Planitz, Meißen, Zerbst, Cottbus, Frankenberg, Freiberg, Auerbach, Regensburg und auf dem Umwege über Nürnberg, Stuttgart, Augsburg, Waldenburg nach Chemnitz gekommen, also in einem großen Kreis zurückgekehrt.

Und wir können sagen, dass in diesen 25 Jahren in unserem Hause eine autonom entwickelte Methode entstanden ist, die wohl abweicht von der üblichen der Einzelhandelspraxis. Wie das im Einzelhandel ist, will ich nicht erwähnen. Aber ein Beispiel: Nichts in unserem Hause ist so, wie es im Allgemeinen erwartet wird. Wir sind ein Warenhaus, das keine Sonderveranstaltungen macht, keine Inventur-, keine Saison-Ausverkäufe, keine Weißen Wochen, keine

95 Pfennige-Tage. Ich könnte das im Einzelnen begründen, bringe aber nur einen kleinen Hinweis: Ich glaube, dass die normale Kalkulation nicht hin- und hergeworfen werden kann. Man soll nur den Weg gehen, den man sich errechnet hat. Es ist außerdem wichtig, dass das Vertrauensverhältnis zwischen Geschäft und Abnehmerschaft so ist, dass man weiß: Ich bekomme jeden Tag den Preis genannt, der der billigste ist, der möglich ist. […]

Weiter will ich Ihnen sagen, dass kein Glasaufsatz, kein Ladentisch hier steht, der nicht in unseren Werkstätten entstanden wäre, dass kein Sortiment vorhanden ist, dass wir nicht durchdacht haben, das lediglich von Mode oder von irgend welchen von außen her stammenden Ideen beeinflusst wäre.

Wir sind seit 20 Jahren eine bewusst normal typisierende Firma. Die Firma Schocken, die nicht zu den größten Einzelhandelskonzernen gehört – man zählt sie wohl an 5. Stelle –, ist als Auftraggeberin an der Spitze stehend, weil die Mengen, die wir führen, zusammengeballt, größer sind als die Mengen, die die größten Häuser in Aufträgen zu vergeben haben.

In unserem Hause gibt es keine Ware, die nicht chemisch und physikalisch untersucht worden ist. Wir sind das Unternehmen in Deutschland, das ein eigenes Warenprüfungslaboratorium hat, in dem dauernd Waren, die wir erwerben wollen, untersucht werden, das versucht, jede Ware nach einem bei uns entstandenen Maß zu verwerten. Wir haben den Begriff »Gebrauchspfennig« geschaffen.

Das sind natürlich Methoden, die lange noch nicht fertig sind, die im Entstehen begriffen sind. Ich trage nur vor, dass die Entscheidungen aus unserem Hause, aus unseren Werkstätten stammen und nicht aus den Schaufenstern der Konkurrenz.

Wir haben den Grundsatz, nur dort ein Geschäft aufzumachen, wo wir vorher bestimmt wissen, dass wir nicht nötig haben werden, die Schaufenster der anderen zu überwachen, und wir bejahen auch die Situation, dass in anderen Schaufenstern Ware billiger angeboten wird. Wir sind nicht nervös, dass wir bei jeder Ware den Spitzenpreis nach unten bieten müssen. Wir bieten den Preis, den wir nach unseren Erfahrungen machen können, und wir haben damit auf einer breiten Ebene einen guten Erfolg.

Wir gehen unseren eigenen Weg. [...]

Georg Manasse
Ansprache an das Personal anlässlich der Eröffnung des Kaufhauses Schocken in Chemnitz am 15. Mai 1930[32]

Liebe Mitarbeiter, alte und junge, als heute Vormittag die Vertreter der staatlichen und städtischen Behörden, Baugewerke und Presse das Haus besichtigten, wurde der Haupteindruck wieder hörbar und sichtbar: Bewunderung des schönen Hauses und seiner Einrichtung. **(Abb. 1)** In neun Monaten ist das Haus erbaut worden und in 15 Tagen war die gesamte Einrichtung aufgestellt, die Riesenmengen an Waren wurden ausgeladen, ausgepackt, kontrolliert, etikettiert und in die Reserveläger und Verkaufsräume eingeräumt. 4.000 Postpakete, 16.000 Fracht Sendungen, 33 Waggons, insgesamt 16.000 Zentner Waren.

Abb. 1: Georg Manasse, Porträt, um 1930, Privatbesitz

Diese Zahlen geben ein anschauliches Bild von der Masse der geleisteten Arbeit.

Sie konnte nur geleistet werden, indem eine große Anzahl erprobter Mitarbeiter aus der Zentrale und aus den Zweigniederlas-

Abb. 2: Betriebsausflug der Belegschaft, 1936, Staatliches Museum für Archäologie Chemnitz (smac)

sungen hierher ist. Auch eine weitere Bedeutung hatte, dass Sie, die jungen Chemnitzer Kräfte, mit voller Begeisterung Ihre Arbeit, und das ist oft nicht leicht, geleistet haben.

Diese Zusammenarbeit ergab den richtigen Klang.

Den mir stärksten Eindruck hier im Hause hatte ich vor zwölf Tagen, am Sonnabend, den 3. Mai, spät nachmittags.

Ich war von meiner Arbeit in Zwickau gerade angekommen und stand auf einem Podest der Treppe A. Plötzlich kamen Sie alle, Welle auf Welle, die Treppe herunter, unmittelbar nach einer Ansprache, die Herr Salman Schocken gehalten hatte.

Auf Ihren Gesichtern, deren meiste ich zum ersten Male sah, war keine Spur von Arbeitsmüdigkeit zu sehen, sondern nur Freude, Wiederspiegelung eines gemeinsamen Erlebnisses.

Es ist eigentlich schade, dass dieses Bild, das ich auf der Treppe gesehen habe, nicht auf einem Film festgehalten ist.

Als ich gestern nachmittags von Zwickau wegfuhr, überblickte ich noch schnell den auf meinem Arbeitstisch stehenden Kalender, einen Wochenkalender. Dieser hat die Eigenschaft, dass bei jedem Wochentag ein Name verzeichnet steht. Ich schaute mir den meinen an: bei dem 15. Mai steht verzeichnet: Sofia, das heißt so viel wie Klugheit, Weisheit. [...]

Ich möchte Ihnen diese freie Übersetzung als Geleitwort für Ihre Arbeit zum heutigen Tage mitgeben und überbringe Ihnen zugleich im Namen Ihrer 4.000 Kollegen und Kolleginnen aus den Schwestergeschäften, deren Gedanken in den letzten Tagen und besonders in dieser Stunde bei Euch sind. **(Abb. 2)** Ihnen allen zum Schluss ein herzliches Glückauf![33]

Erich Mendelsohn
Ansprache anlässlich der Vorbesichtigung des Kaufhauses Schocken in Chemnitz am 15. Mai 1930[34]

Meine Damen und Herren,

der Bau dieses Hauses hat, wie jeder Bau, seine Geschichte. Die Geschichte dieses Hauses beginnt mit dem ersten Schocken-Bau, der von meiner Hand erdacht wurde: der Bau in Nürnberg **(Abb. 1)** und dann später in Stuttgart. Bis zu diesem Hause in Chemnitz, das heute seiner Bestimmung übergeben wird, und in allen Häusern haben wir uns bemüht, die Bauherrn und die Helfer, der Architekt, eine Form zu schaffen, die es bisher im Warenhausbau noch nicht gab.

Abb. 1: Kaufhaus Schocken in Nürnberg, 1930, Gedenkbuch der Schocken KG

Bis dahin hatte man klassische Bauten: der Wertheimbau in Berlin und seine Nachfolger.

Man hatte aus dem Warenhaus Ausstellungsräume zu machen versucht und ließ die Ware Ware sein, das heißt, man gab ihr nicht den Wert, der ihr zusteht; man gab ihr nicht den ersten Platz, sondern verließ sich auf Zufälle!

Die neue Zeit mit ihren Nachkriegsauswirkungen, mit ihren Zwangsmaßnahmen und Erscheinungen zur Sparsamkeit und sonstigen Notwendigkeiten gegenüber den Verhältnissen vor dem Kriege hat auch beim Bau einen grundsätzlichen Wechsel gebracht.

Wir haben in Nürnberg mit dem verehrten leider zu früh verstorbenen Herrn [Simon] Schocken ein Warenhaus bekommen, das grundsätzlich verschieden war: das Primäre der Ware auszustellen. [Wir dürfen] vor allem nicht beachten, weil diese neue Art natürlich unendlich viele Nachfolger gefunden hat, wie es jede Geschichte mit sich [bringt], die irgendeine Bedeutung hat.

Wir haben nicht nötig, die neue Architektur als ein Stück Prätendenten zu verteidigen, als etwas, was nötig ist.

Seinerzeit in Nürnberg war es nicht so einfach, denn man nannte diese Dinge, die entstanden waren unter vernünftigen Gedanken, man nannte sie brutal und unkünstlerisch. Es gibt einen Satz von Professor […] an der Technischen Hochschule […], der die neue Architektur als jüdische Erfindung darstellt.

Ich glaube, dass sie gewachsen ist auf dem Boden der Vernunft, der Selbstverständlichkeit und der neuen Materialien, die uns instand gesetzt haben, etwas zu schaffen, was keine Zeit vorher schaffen konnte.

Wir bauen nicht mit Backstein, nicht mit Holz, sondern mit Eisen und Beton mit durchlaufenden Fensterbändern. […]

Dass aus diesem Prinzip der Konstruktion eine neuartige Wirkung entstanden ist als logische Folge einer wohl durchdachten Konstruktion.

Abb. 2: Kaufstätte Merkur in Chemnitz, 1939, Gedenkbuch der Merkur AG

Ich glaube, dass Baumeister des Mittelalters in demselben Verhältnis zu uns gewesen sind, auch neue Konstruktionen erdacht haben, die Wert darauf legten, diesen [...] klar zum Ausdruck zu bringen. [...]

Weil wir das wissen und weil wir von der elementaren Tatsache [ausgehen, dass] wir keine »tiefen Gipfel« unterdrücken, die naturgemäß da sind und die vernunftgemäß auf die Konstruktion [Einfluss haben], haben wir modernen Baumeister [dies bedacht]. Aus dieser Konstruktion sind Werke entstanden und viele bedeutende, die so weit gehen, dass sie heute weltumfassend sind; sie dürfen nicht international sein.

Wir stehen mit Kämpfern in Wortstreit, indem man ihnen nachsagt, weil sie international ist, ist sie jüdisch, weil sie international ist, hat sie [über die Grenzen] eines Volkes, eines Landes hinauszugehen, genau wie die Säulen des griechischen Zeitalters. [...]

Insofern ist dieser Bau ein Stück der neuen Architektur; er wird dann ein wirkliches Stück sein in weiteren Kreisen und in der Geschichte, wenn er seinen Zweck erfüllt, wenn er ein Kaufhaus ist, das mit allen Notwendigkeiten des Bedarfs ausgestattet ist; wenn er den Bauherrn befriedigt und wenn er heute und morgen den Beweis in sich trägt, die die Freude, die nicht honoriert werden kann, des schaffenden Künstlers ist.

Ich erlaube, dass dieses Haus diese drei Erwartungen erfüllt, und ich wünsche, dass dieses Haus, Ihnen, Herrn [Salman] Schocken, den Erfolg und ein glänzendes Geschäft bringt.[35] **(Abb. 2)**

Anmerkungen

1 Tilo Richter: »Erich Mendelsohns Kaufhaus Schocken« Jüdische Kulturgeschichte in Chemnitz, Passage Verlag, Leipzig 1998.

2 Wikipedia: Staatliches Museum für Archäologie Chemnitz

3 Thomas Morgenstern: Bauprotokolle und Aufzeichnungen als Leiter der Denkmalschutzbehörde Chemnitz, 2010-2013

4 Für die Schocken KG war das Kaufhaus in Chemnitz die vorletzte Neueröffnung. Im Jahr 1931 übernahm der Konzern das bereits bestehende Kaufhaus Wronker in Pforzheim und fügte diese ihrem »Imperium« hinzu.

5 Weitere Geschäftsführer waren Siegfried Strauss, Paul Ratzke und Alfred Bauer.

6 Heute: Park der Opfer des Faschismus.

7 Hans Günter Flieg (São Paulo): Erinnerungen an die Kaufhäuser TIETZ und SCHOCKEN in Chemnitz, unveröffentlicht, Mai 2013. Im Besitz des Verfassers.

8 Justin Sonder (Chemnitz), Interview vom 7. Februar 2011, unveröffentlicht.

9 Das Gebäude überstand nicht nur die alliierten Luftangriffe auf die Stadt im Frühjahr 1945 und seine Nachnutzung als Kaufhaus bis zum Jahr 2001, sondern auch den darauffolgenden ungewissen Leerstand.

10 Zu den Anschlussgeschäften gehörten u. a. das Kaufhaus Schocken & Co. in Bremerhaven, das Kaufhaus Hirsch in Geestemünde, das Kaufhaus Julius Bamberger in Bremen, das Kaufhaus Adolf Karseboom in Wismar, das Kaufhaus Adolf Karseboom Nachf. in Grevesmühlen, das Kaufhaus Friedrich Ehrlich in Parchim, das Kaufhaus Max Schlesinger in Schönebeck, das Kaufhaus A. M. Behrendt in Jena, das Kaufhaus Pinthus & Ahlfeld in Nordhausen und das Kaufhaus Manasse in Mühlhausen. Eine Zeit lang gehörten auch die Textilwerkstätten S. M. Tobias in Zwickau dazu. Im Rahmen eines Konzernumbaus trennten sich die Brüder Schocken Mitte der 1920er Jahre von fast allen Anschlussgeschäften. Lediglich Geschäfte in Bremerhaven, Wesermünde (früher Geestemünde), Wismar und Mühlhausen gehörten weiterhin zur Kommanditgesellschaft.

11 Das Baubüro gehörte als Hilfsbetrieb der Zentrale der Schocken KG an. Simon Schocken nahm von Anfang an Einfluss auf dessen Tätigkeit. Das Büro bestand schon vor dem Ersten Weltkrieg, allerdings in kleinem Umfang. Als Mitte der 1920er Jahre die rege Bautätigkeit des Konzerns einsetzte, gewann es an Bedeutung. – Das Baubüro stand unter der Leitung des Zwickauer Baumeisters Willy Heinze (1891–?). Anfang 1928 übernahm der Architekt Bernhard Sturtzkopf (1900–1972) seine künstlerische Leitung.

12 Konrad Fuchs: Ein Konzern aus Sachsen. Das Kaufhaus Schocken als Spiegelbild deutscher Wirtschaft und Politik 1901 bis 1953, Stuttgart 1990.

13 Simon Schocken. Statt einer Biografie, gesammelt und zusammengestellt v. Margarete Turnowsky-Pinner. [Berlin 1929–1933].

14 Anm. 13, S. 11.

15 Ebenda.

16 Vgl. Ita Heinze-Greenberg: Erich Mendelsohn. »Bauen ist Glückseligkeit«, Jüdische Miniaturen. Bd. 116, Berlin 2011.

17 Anm. 13, S. 11.

18 Vgl. Jürgen Nitsche: Konsum und Selbsthilfe. Rückblicke auf Simon Schocken (1877–1929), in: Boom! 500 Jahre Industriekultur in Sachsen. Hrsg. Thomas Spring und Deutsches Hygiene-Museum Dresden, Dresden 2020, S. 2003–2009.

19 Simon Schocken verfasste im Januar 1929 einen Artikel, den er als Entgegnung auf einen Beitrag im »Hamburger Israelitischen Familienblatt«

begriff, der sich der Frage »Gibt es eine jüdische Architektur?« gewidmet hatte.

20 Anm. 13, S. 39.

21 Ebd.

22 Vgl. Der Zwickauer jüdische Friedhof. Eine Dokumentation, hrsg. v. Gesellschaft für Christlich-jüdische Zusammenarbeit Zwickau, Zwickau 2006.

23 Neben Polsterei, Tischlerei und Schlosserei gehörte auch eine Buchdruckerei zu den gewerblichen Betrieben der Schocken KG. Später kam noch eine Rösterei hinzu.

24 Vgl. Max Osborn: Der Bunte Spiegel. Erinnerungen aus dem Kunst-, Kultur- und Geistesleben der Jahre 1890 bis 1933, hrsg. v. Thomas B. Schumann, New York 1945 (Reprint, Hürth b. Köln 2013).

25 Anm. 13, S. 33.

26 Ebenda, S. 37.

27 Ebenda.

28 Ebenda, S. 12.

29 Ebenda.

30 Leo Baeck Institute, New York, Hermann Lewin Collection 1898–2005. – Als Erna Arndtheim (1894–1975) und Hermann Lewin (1912–2001), eine Nichte und ein Großneffe von Simon Schocken, in Jahr 1930 zu Besuch in Zwickau weilten, besuchte sie auch den Platz.

31 Staatsarchiv Chemnitz, 33309 Nachlass Georg Manasse, Nr. 40. – Der Wortlaut der Rede wurde stark gekürzt.

32 Staatsarchiv Chemnitz, 33309 Nachlass Georg Manasse, Nr. 40. – Der Wortlaut der Rede wurde leicht gekürzt.

33 Vgl. Jürgen Nitsche: Georg Manasse. Schockens Generaldirektor. Unternehmer – Sozialdemokrat – Pazifist, Berlin 2013 (auch in Engl.).

34 Staatsarchiv Chemnitz, 33309 Nachlass Georg Manasse, Nr. 40. – Die bruchstückhafte Vorlage enthält zahlreiche Auslassungen, die wohl bei der Transkription des Redemanuskriptes vorgenommen wurden.

35 Das Gebäude brachte nicht nur Salman Schocken Erfolg. Es gehörte auch dem Schocken-Konzern nach dessen »Arisierung« weiterhin. Als Kaufstätte Merkur Chemnitz bestand es bis 1946, bevor es durch die Konsumgenossenschaft und den staatlichen Handel der DDR als Warenhaus genutzt wurde.

Dank

Der Autor Jürgen Nitsche möchte allen Personen und Institutionen im In- und Ausland danken, die ihm bei den oftmals aufwändigen Recherchen für die Erarbeitung der firmenbezogen Beiträge so uneigennützig geholfen haben.

Besonderer Dank gilt all den Nachkommen der jüdischen Unternehmerfamilien aus Chemnitz, die ihnen in den letzten Jahren nicht nur bei der Suche von in Frage kommenden Unterlagen, sondern auch mit wertvollen Hinweisen halfen. Insbesondere möchten wir Jack Chaplin, Jonathan Djanogly, Arthur Fleiss, Vera Peck, Konrad Schreiber sel. A., Peter Schwab sel. A., Gerry Sigler sel. A. und Michael Spiro (alle England), Chanoch Josefowitz sel. A. (Israel), Vera Burns, Conrad G. Frank sel. A., Peter Franck, Marc Goldschmidt, Eva Lamm-Ruben, Renata Manasse Schwebel sel. A., Walter Melford sel. A, Liesel Sabloff, Ralph Sutton sel. A., Ulrich Albert Tietz sel. A. und Stephen Falk (alle USA), Hans Günter Flieg (Brasilien), Herta Gabriele Frenkel-Tietz sel. A. (Holland), Franz Th. Cohn und Gerhard Jacoby (beide Schweden) sowie Edward van Voolen (Amsterdam/Berlin), Siegmund Rotstein sel. A. und Justin Sonder (beide Chemnitz), Christine Mähler und Ilse Rewald sel. A. (beide Berlin), Till Heidenheim (Lübeck) und Peter Mettmann (Rödermark).

Ferner möchte ich Brigitta Milde, Anne Naumann, Ruth Röcher, Liane Sachs, Gisela Strobel und Eveline Waszk (alle Chemnitz), Christoph Hanzig (Dresden), Dieter Nendel (Gera), Beate Meyer (Hamburg), Ellen Bertram, Klaudia Krenn und Petra Morgenstern (alle Leipzig), Gesa Kessemeier, Carl Wolfgang Müller (Cranzahl), Eleonore Wolf (Neubrandenburg) und Ingrid Biermann-Volke (alle Berlin), Falk Drechsel (Cranzahl) und Ulrike Skorsetz (Jena) danken, die mir bereitwillig zur Seite standen, manches Missverständnis in der biografischen Arbeit und der Geschichte der Firmen aus der Welt zu schaffen. Darüber hinaus erfuhr der Autor Unterstützung von Mitarbeitern der Stadtbibliothek Chemnitz, der Staatsbibliothek zu Berlin, der Deutschen Nationalbibliothek Leipzig sowie der Staatsarchive Chemnitz und Leipzig, der Stadtarchive Annaberg-Buchholz, Chemnitz, Frankenberg, Mittweida und Zwickau, der Stiftung Neue Synagoge Berlin – Centrum Judaicum, der Gedenk- und Bildungsstätte Haus der Wannsee-Konferenz in Berlin, des Jüdischen Museums Berlin, des Industriemuseums Chemnitz, des Schlossbergmuseums Chemnitz und des Internationalen Suchdienstes in Bad Arolsen sowie des Leo Baeck Institutes in New York und des United States Holocaust Memorial Museum in Washington.

Der Autor der Architekturbeiträge, Thomas Morgenstern, möchte sich vorrangig bei den Mitarbeiterinnen und Mitarbeitern der Denkmalschutzbehörde Chemnitz bedanken, besonders bei Bettina Schülke und Nadine Wunderlich. Ebenso bei den Mitarbeitern und Mitarbeiterinnen des Stadtarchives Chemnitz, speziell des Bauaktenarchives. Ein besonderer Dank gilt dem Fotografen Wolfgang Schmidt aus Chemnitz für seine tollen Fotografien und der Journalistin Brigitte Pfüller für die kritische Prüfung der Textbeiträge.

Gefördert durch das Sächsische Staatsministerium für Regionalentwicklung und die Kulturstiftung des Freistaates Sachsen. Diese Maßnahme wird mitfinanziert durch Steuermittel auf der Grundlage des vom Sächsischen Landtag beschlossenen Haushaltes.

Die Deutsche Nationalbibliothek verzeichnet diese Publikation in der Deutschen Nationalbibliografie; detaillierte Daten sind im Internet über https://portal.dnb.de/ abrufbar.

Inh. Dr. Nora Pester
Haus des Buches
Gerichtsweg 28
04103 Leipzig
info@hentrichhentrich.de
http://www.hentrichhentrich.de

Lektorat: Philipp Hartmann
Umschlag und Gestaltung: Gudrun Hommers
Druck: Winterwork, Borsdorf

1. Auflage 2020

Printed in Germany
ISBN 978-3-95565-402-3